Michel Béguelin

Das Gewohnheitsrecht in der Praxis des Bundesgerichts

Europäische Hochschulschriften

Publications Universitaires Européennes

European University Papers

REIHE II RECHTSWISSENSCHAFT · SERIE II SCIENCES JURIDIQUES · SERIES II LAW

Bd./vol. 9

Michel Béguelin

Das Gewohnheitsrecht in der Praxis des Bundesgerichts

Verlag
Herbert Lang & Cie AG Bern
1968

Michel Béguelin

Das Gewohnheitsrecht in der Praxis des Bundesgerichts

Verlag
Herbert Lang & Cie AG Bern
1968

Die Fakultät hat diese Arbeit am 7. Juli 1966 auf Antrag von Prof. Dr. Peter Liver als Dissertation angenommen, ohne damit zu den darin ausgesprochenen Auffassungen Stellung nehmen zu wollen.

Gesamtherstellung: Lang Druck AG, Bern (Schweiz)

A mes parents

Inhaltsverzeichnis

Literaturverzeichnis XI

ALLGEMEINER TEIL

§ 1 Gesetztes und nicht gesetztes Recht 1
I. Die Unterscheidung als Problem der Rechtsquellenlehre 1
II. Erscheinungsformen des nicht gesetzten Rechts 3
1. Das Gewohnheitsrecht 3
a) Im allgemeinen 3
b) Die konstitutiven Merkmale 4
c) Die Uebung 5
d) Die opinio iuris vel necessitatis 6
2. Das sog. usuelle Gewohnheitsrecht im besonderen 8
3. Die richterliche Rechtsfindung 9
4. Die Wissenschaft 10
5. Die allgemeinen Rechtsgrundsätze 11
III. Die Abgrenzung zwischen Gewohnheitsrecht einerseits, Verkehrssitte anderseits 12
IV. Missbräuchliche Verwendung der Bezeichnung Gewohnheitsrecht: Verwechslung mit Erscheinungen der Entstehung von subjektiven Rechten durch Zeitablauf 14

§ 2 Die Entstehung von Gewohnheitsrecht 15
I. Im allgemeinen 15
II. Die Entstehung des usuellen Gewohnheitsrechts 17
III. Die Bedeutung der Wissenschaft für die Entstehung von Gewohnheitsrecht (Juristenrecht) 19

§ 3 Die Feststellung des Gewohnheitsrechts 20

§ 4 Der sachliche Geltungsbereich des Gewohnheitsrechts 22
I. Das Verhältnis zu den andern Rechtsquellen 22
1. Privatrecht 22
2. Gewohnheitsrecht in Gebieten des nicht kodifizierten Rechts 23
a) Gewohnheitsrecht im öffentlichen Recht 23
b) Im Völkerrecht 25
II. Das Verhältnis zum Gesetz im besonderen 28
1. Gewohnheitsrecht intra legem 28
2. Gewohnheitsrecht praeter legem 29
3. Gewohnheitsrecht contra legem 29

BESONDERER TEIL

Erster Abschnitt
Die Entscheidungen des Bundesgerichts 33
Vorbemerkung 33

Zweiter Abschnitt
Besprechung und Kritik der Entscheidungen des Bundesgerichts 101

§ 5 Allgemeine Bemerkungen 101

§ 6 Die Wesensmerkmale des Gewohnheitsrechts 101
I. Im allgemeinen 101
II. Die Uebung 102
III. Die Rechtspflichtüberzeugung 104
1. Der Begriff 104
2. Der Kreis der Träger der opinio necessitatis 105

§ 7 Besondere Fragen 105
I. Usuelles Gewohnheitsrecht 105
II. Dem Gesetz derogierendes Gewohnheitsrecht 106
III. Gewohnheitsrecht im öffentlichen Recht 108
IV. Die Feststellung des Gewohnheitsrechts 110
1. Die Eintretensfrage 110
2. Die Mittel der Tatbestandsfeststellung 110
a) Zeugen 110
b) Erkundigungen 111
c) Entscheide von Gerichts- und Verwaltungsbehörden 112
d) Literatur 112
e) Gerichtsnotorietät 112
V. Verkehrssitte und Gewohnheitsrecht 113

§ 8 Einzelne vom Bundesgericht festgestellte Normen des Gewohnheitsrechts 114
A. Geltendes Gewohnheitsrecht 114
I. Eigentliches Gewohnheitsrecht 114
1. Intra legem 114
a) Das politische Domizil der Studenten 114
b) Die Wahrung amtlicher Fristen 115
2. Praeter legem 115
a) Die selbständige Auflage 115
b) Das Blankoakzept 116
c) Die Weglassung des Namensprädikats "von" 116
d) Die interkantonale Rechtshilfepflicht 116
e) Die Kündbarkeit rechtssetzender Konkordate 117

II. Usuelles Gewohnheitsrecht (contra legem) 117
B. Altes Gewohnheitsrecht 118
I. Eigentliches Gewohnheitsrecht 118
1. Praeter legem 118
a) Vorzugsaktien 118
b) Rückerstattung des Militärpflichtersatzes 119
2. Contra legem 120
a) Art. 873 aOR 120
b) Die Festlegung der Bemessungsperiode 121
c) Die Zuständigkeit zur Wahl von Gemeindeangestellten und Behörden des Kantons Solothurn 122
II. Usuelles Gewohnheitsrecht (praeter legem) 123
1. Das Bürgerrecht der einen Ausländer heiratenden Schweizerin und ihrer Kinder 123
2. Die Delegation von Kompetenzen des Präsidenten des Bezirksgerichts im Kanton St. Gallen 125

C. Die irrtümliche oder fragwürdige Annahme von Gewohnheitsrecht durch das Bundesgericht 125
I. 35 I 439 (Notwegrecht) 125
II. 45 I 54 (Bergregal) 126
III. BGE vom 11. März 1938 i.S. Canonica/83 I 242 (Bedürfnisklausel) 127
IV. 74 I 41 (Unvordenklichkeit) 127
V. 81 I 81 (Wasserrechtskonzession) 127
VI. 82 II 120 (Beweisregel - Saumrecht) 128
VII. 83 I 173 (Suffrage féminin) 128
VIII. 83 II 345 (Rechtsmissbrauch) 128
IX. 85 II 243 (Weidnutzungsrechte) 129
X. 86 II 243 (Grunddienstbarkeit) 130

§ 9 Gewohnheitsrechtliche Strafnormen 130
I. Im allgemeinen 130
II. Gewohnheitsrecht im geltenden Strafrecht 131
III. Altes Gewohnheitsrecht 131

§ 10 Schlussfolgerungen 132

ZITIERWEISE

Die in den Anmerkungen aufgeführte Literatur wird lediglich mit dem Verfassernamen, bei mehreren Werken desselben Autors ergänzt durch das im Literaturverzeichnis vermerkte Kennwort, zitiert. Die Abkürzung S. für "Seite" ist in der Regel weggelassen.

Zeitschriften:

Monatsschrift für bernisches Verwaltungsrecht und Notariatswesen (MBVR),

Zeitschrift des bernischen Juristenvereins (ZBJV),

Zeitschrift für Schweizerisches Recht (ZSR),

Zentralblatt für Staats- und Gemeindeverwaltung (ZBl).

Literaturverzeichnis

Antoniolli W.
Allgemeines Verwaltungsrecht, Wien 1954.

Bender B.
Allgemeines Verwaltungsrecht, 2. Auflage, Freiburg im Breisgau, 1956.

Berber F.
Lehrbuch des Völkerrechts, München und Berlin, 1962.

Bobbio N.
La consuetudine come fatto normativo, Padova 1942.

Burckhardt W.
- Organisation der Rechtsgemeinschaft, Basel 1927 (zit. Organisation).
- Methode und System des Rechts, Zürich 1936 (zit. Methode).
- Lücken des Gesetzes und die Gesetzesauslegung, Abhandlungen zum schweiz. Recht, NF Heft 8, Bern 1925 (zit. Lücken).

Cavaré L.
Le droit international public positif, 2 tomes, Paris 1951.

Clerc F.
Introduction à l'étude du code pénal suisse, part. gén., Lausanne 1942.

Coing H.
Grundzüge der Rechtsphilosophie, Berlin 1950.

Dahm G.
Völkerrecht, 3 Bände, Stuttgart 1961.

Delbez L.
Manuel de droit international public, Paris 1951.

Du Pasquier Cl.
- Les lacunes de la loi et la jurisprudence du Tribunal fédéral suisse sur l'art. 1er CCS., Basler Studien zur Rechtswissenschaft, Heft 31 (zit. lacunes).
- Introduction à la théorie générale et à la philosophie du droit, 1937 Neuchâtel (zit. introduction).

Ehrlich E.
Die Tatsachen des Gewohnheitsrechts, Czernowitz 1907.

Fleiner F.
Das Freianglerrecht im Aargau, in Festschrift Walter Merz, Aarau 1928 S. 42 ff.

Fleiner/Giacometti
Schweiz. Bundesstaatsrecht, Zürich 1949 (zit. Bundesstaatsrecht).

Forsthoff E.
Lehrbuch des Verwaltungsrechts, Bd. I, 8. Auflage, München und Berlin 1961.

Gény F.
Methode d'interprétation et sources en droit privé positif, 2 vol. 2è éd. Paris 1919 (Neudruck 1954).

Germann O. A.
-Präjudizien als Rechtsquelle, Uppsala 1960 (zit. Präjudizien).
-Präjudizielle Tragweite höchstinstanzlicher Urteile, insbesondere der Urteile des schweiz. Bundesgerichts ZSR 1949, NF 68, S. 297 ff. und 423 ff. (zit. Präjudizielle Tragweite).
-Zur Ueberwindung des Positivismus im schweiz. Recht, ZSR NF Bd. 31, 1952 (zit. Positivismus).
-Zum Verhältnis zwischen Rechtsquellen und Rechtsfindung, Festschrift Hans Lewald, Basel 1953, 485 ff. (zit. Verhältnis).
-Probleme und Methoden der Rechtsfindung, Bern 1965 (zit. Probleme).

Giacometti Z.
-Ueber das Rechtsverordnungsrecht im schweiz. Bundesstaate, in Festgabe Fritz Fleiner, Tübingen 1927, S. 360 ff.
-Verordnungsrecht und Gesetzesdelegation, in Festgabe schweiz. Juristentag 1928, S. 73 ff.
-Allgem. Lehren des rechtsstaatlichen Verwaltungsrechts, Zürich 1960 (zit. Allgem. Lehren).

v. Gierke O.
-Deutsches Privatrecht, Bd. I, Leipzig 1895.
- Das deutsche Genossenschaftsrecht, Bd. I, Berlin, 1873.

Gmür M.
-Die Anwendung des Rechts nach Art. 1 des schweiz. ZGB, Abhandlungen zum schweiz. Recht, 26. Heft. Bern 1908 (zit. Anwendung).
-Kommentar ZGB, Einleitung, Bern 1910.
-Zivilgesetzbuch und Gewohnheitsrecht, 2. Aufl. 1919, Festgabe für Eugen Huber, Bern 1919.

Gschnitzer F.
Schafft Gerichtsgebrauch Recht? In Festschrift zur Hundertjahrfeier des österreichischen Obersten Gerichtshofes 1850-1950, Wien 1950, S. 40-54.

Guggenheim P.
Lehrbuch des Völkerrechts, 2 Bände, Basel 1948.

Guldener M.
Schweiz. Zivilprozessrecht, 2. Auflage, Zürich.

Hafter E.
Lehrbuch des Schweiz. Strafrechts, Allg. Teil, 2. Auflage, Bern 1946.

Henrich W.
Zur Problematik des Gewohnheitsrechts, in: Recueil d'études sur les sources du droit en l'honneur de François Gény, S. 286 ff.

Herrnritt H.
Grundlehren des Verwaltungsrechts, Tübingen 1921.

v. der Heydte F.A.
Völkerrecht, 2 Bände, Köln (1958) 1960.

Höhn E.
Gewohnheitsrecht im Verwaltungsrecht, Abhandlungen zum schweiz. Recht, Heft 346, Bern 1960.

Huber Eugen
Recht und Rechtsverwirklichung, Basel 1921 (zit. Rechtsverwirklichung).

Huber Hans
Probleme des ungeschriebenen Verfassungsrechts, ZBJV 91bis, S. 95 ff., 1955.

Huber/Mutzner
System und Geschichte des schweiz. Privatrechts, Basel 1933.

Jung E.
Das sog. Gewohnheitsrecht als Grundfrage der Rechtsquellenlehre, Archiv für Rechts- und Wirtschaftsphilosophie, Bd. 22, 1928/29.

Landmann-Giers-Proksch
Allgemeines Verwaltungsrecht, Düsseldorf 1957.

Larenz K.
Methodenlehre der Rechtswissenschaft, in Enzyklopädie der Rechts- und Staatswissenschaft, Bd. 6, Berlin 1960 (zit. Methodenlehre).

v. Liszt F.
Das Völkerrecht, Berlin 1925.

Liver P.
-Der Begriff der Rechtsquelle, ZBJV 91bis, Bern 1955.
-Der Wille des Gesetzes, Rektoratsrede, Bern 1954.
-Das schweiz. ZGB - Kodifikation und Rechtswissenschaft, Festvorlesung, ZSR NF Bd. 80 (1961) 2. Halbband, Heft 2, S.193 ff. (zit. Das schweiz. ZGB).
-Kommentar zu Art. 5 ZGB, Bern 1962.

Logoz P.
Commentaire du Code Pénal Suisse, Part. gén., Neuchâtel 1939.

Meier-Hayoz A.
-Der Richter und das richterliche Gewohnheitsrecht, OeJZ 9 (1954), S. 440 ff.
(zit. Gewohnheitsrecht).
-Der Richter als Gesetzgeber, Zürich 1951 (zit. Richter).
-Kommentar zu Art. 1, N 233 ff., Bern 1962.

Mokre H.
Theorie des Gewohnheitsrechts, Wien 1932.

Oertmann P.
Rechtsordnung und Verkehrssitte, Leipzig 1914.

Pache A.
La coutume et les usages dans le droit privé positif, Thèse Lausanne 1938.

Peters H.
Lehrbuch der Verwaltung, Berlin/Göttingen/Heidelberg 1949.

Pfenninger H. F.
Uebung und Ortsgebrauch im schweiz. ZGB, Aarau 1911.

Puchta G.
Das Gewohnheitsrecht, Erlangen, Bd. I 1828, Bd. II 1837.

Reichel H.
Zu den Einleitungsartikeln des schweiz. ZGB, Sonderausgabe aus Festgabe für Rud. Stammler zum 70. Geburtstage, Berlin und Leipzig 1926 (zit. Einleitungsartikel).

Ripert G.
Les forces créatrices du droit, Paris 1955.

Roos G.
Der Grundsatz der gesetzmässigen Verwaltung, ZBJV 91bis, S. 117 ff. 1955.

Ruck E.
-Schweiz. Verwaltungsrecht, 3. Aufl., 2 Bände, Zürich 1953.
-Schweiz. Staatsrecht, 3. Aufl., Zürich 1957.

Rümelin M.
Die bindende Kraft des Gewohnheitsrechts, Tübingen 1929.

Schwander V.
Das Schweiz. Strafgesetzbuch, 2. Aufl., Zürich 1964.

Simonius A.
"Lex facit regem", Ein Beitrag zur Lehre von den Rechtsquellen, Basel 1933.

Spiro K.
Ueber den Gerichtsgebrauch zum allgemeinen Teil des rev. OR, Basler Studien zur Rechtswissenschaft, Heft 25, 1948.

Stobbe O.
Handbuch des Deutschen Privatrechts, Bd. I,3. Aufl., Berlin 1893.

Thormann-Overbeck
Das Schweiz. Strafgesetzbuch, Allg. Bestimmungen, Zürich 1940.

v. Tuhr A.
Allgemeiner Teil des Deutschen Bürgerlichen Rechts, Bd. I 1910 Leipzig.

Tuor P.
Das schweiz. ZGB, 6. Aufl., Zürich 1953.

Turegg-Kraus
Lehrbuch des Verwaltungsrechts, Berlin 1962.

Verdross A.
Völkerrecht, 4. Aufl., Wien 1953.

de Visscher Ch.
Théorie et réalités en droit international publique, Paris 1953.

Wackernagel J.
-Beiträge zur Lehre über die Feststellung des Gewohnheitsrechts, in Festschrift Karl Haff, Innsbruck 1950, S. 360-370 (zit. W. Beiträge).
-Ueber rechtssoziologische Betrachtungsweise, insbesondere im Völkerrecht, in Festschrift für Max Gutzwiller "Ius et Lex", Basel 1959 (zit. Betrachtungsweise).

Wolff Hans J.
Verwaltungsrecht I, 3. Auflage, München und Berlin 1959.

A L L G E M E I N E R   T E I L

§ 1 Gesetztes und nicht gesetztes Recht

I. Die Unterscheidung als Problem der Rechtsquellenlehre

Die Anerkennung objektiver Rechtsnormen neben dem gesetzten Recht in der Rechtsgeschichte des 19./20. Jahrhunderts ist vor allem die Frucht wissenschaftlicher Erkenntnisse der Gegenwart (1). Der Rechtspositivismus erblickte noch im gesetzlichen Erlass die einzige Rechtsquelle und ging in seiner starren Haltung zum Teil so weit, ein Verbot der Anwendung von Gewohnheitsrecht zu verlangen. Die Anhänger dieser Schule konnten sich aber trotzdem der Beobachtung nicht verschliessen, dass Gesetzesnormen bisweilen ihre Geltung einbüssen, sei es, weil sie der desuetudo erlegen sind, sei es, weil sie durch Regeln mit entgegengesetztem Inhalt verdrängt werden, die ihren Anspruch auf rechtliche Geltung durchzusetzen vermögen. Die Frage war nicht mehr zu umgehen, was denn eigentlich unter der Geltung des Rechts zu verstehen sei, und ob es nicht auch Recht ausserhalb des Gesetzes, also zum mindesten nicht nur e i n e Rechtsquelle gebe. Damit hatte man aber auch die staatliche Quellenlehre, für welche der Erlass von Vorschriften durch staatliche Organe im vorgeschriebenen Verfahren die einzige Ursache der Geltung ist, im wesentlichen bereits aufgegeben. Der Grundstein einer empirischen Quellenlehre war gelegt (2). Der Bau des Lehrgebäudes sollte jedoch nur langsam vorwärts schreiten. Noch im Jahre 1931 vertrat WALTER BURCKHARDT vor dem schweiz. Juristenverein die staatliche Quellenlehre mit Nachdruck, ohne in der Versammlung auf Widerspruch zu stossen (3).

Heute ist allgemein anerkannt, dass das Recht auch Normen umfasst, die nicht die Form des Gesetzes haben. Sie verpflichten die Rechtsgenossen zur Befolgung, den Richter und die Verwaltung zur Anwendung, obgleich sie nicht durch den Beschluss eines staatlichen Organs aufgestellt wurden. Ihre juristische Geltung fliesst nicht aus dem Gesetz.

Die Quellen des Rechts sind die Quellen seiner juristischen Geltung. Es geht dabei nicht um die Frage nach dem Inhalt, sondern nach dem Grund der Geltung der Norm. Rechtsquellen sind "die Formen, in denen gültige Rechtsnormen entstehen. Man nennt diese Rechtsquellen deshalb auch die for-

1) Vgl. Liver, Der Begriff der Rechtsquelle, ZBJV 91bis (1955) 1 ff.

2) Simonius 16.

3) Simonius 19.

mellen Rechtsquellen"(4). Die verschiedenen Formen, in denen die Norm ihre Verbindlichkeit erlangt hat, bilden die Rechtsquellen im juristischen Sinne. Für die dogmatische Rechtswissenschaft sind Rechtsquellen "Positivierungsquellen" (5).

Die Rechtsquellen im soeben definierten Sinne sind Quellen des objektiven Rechts. Eine Norm hat objektive Geltung, wenn sie für die Adressaten ganz unabhängig von ihrem Willen verbindlich ist (6). Vertragliche Regelungen inter partes hingegen enthalten Bestimmungen, die nur für die Vertragsparteien verbindlich sind. Für unbeteiligte Dritte bilden diese vertraglichen Bestimmungen keine rechtsgültigen Normen. Die sog. lex contractus enthält Rechtsnormen, denen sich wohl die Vertragspartner unterworfen haben; objektives Recht indessen begründet sie nicht. Der Vertrag mit Verbindlichkeit bloss für die Vertragsparteien ist daher keine Rechtsquelle (7).

Anders verhält es sich, wenn die Geltung des vertraglich gebildeten Rechts nicht auf die Kontrahenten beschränkt, sondern auf Dritte (Normadressaten) ausgedehnt ist. Ein solcher Vertrag, der sich in diesem Punkt vom Rechtsverhältnis inter partes, der lex contractus unterscheidet, enthält objektives Recht und ist zu den Rechtsquellen zu zählen, so z.B. der Gesamtarbeitsvertrag (8).

Die Rechtsquellen zerfallen vorerst in zwei grosse Kategorien: gesetztes und nicht gesetztes Recht.

Die Bezeichnung "nicht gesetztes Recht" für alle Rechtsnormen, die nicht durch gesetzgeberische Organe erlassen wurden, ist zutreffender als die Einteilung in gesetztes und "ungeschriebenes Recht" (9) oder "Gewohnheitsrecht". Das Merkmal des gesetzten Rechts ist nicht die Schriftlichkeit. Auch das nicht gesetzte Recht ist oft niedergeschrieben (10). Gegen den Sammelbegriff "Gewohnheitsrecht" für alles nicht gesetzte Recht ist einzuwenden, dass darunter Rechtsnormen fallen würden, die auf ganz verschiedene Weise entstanden sind und die nicht alle die Gewohnheit als Geltungsgrund aufweisen (11); die Normen der richterlichen Rechtsfindung und der

4) Liver 13.

5) Liver 12.

6) Liver 14.

7) Liver 14.

8) Liver 19.

9) so z. B. bei Simonius 55; Wackernagel; Beiträge 361 und in einzelnen Bundesgerichtsentscheiden.

10) Eugen Huber, Rechtsverwirklichung 418; Germann, Präjudizien, 48, Anm. 2. - Die Rechtsspiegel des Mittelalters enthielten Gewohnheitsrecht, ohne dass dieses durch die Aufzeichnung zum Gesetz geworden wäre. Umgekehrt bedarf der Beschluss einer Landsgemeinde nicht der schriftlichen Fixierung, um Gesetzeskraft zu erlangen.

11) Liver 23; Höhn 43.

Wissenschaft erlangen juristische Geltung, an der die Gewohnheit keinen Anteil hat (12).

Das gesetzte Recht umfasst alle Normen, die auf dem Wege der Gesetzgebung entstanden sind. Es findet seinen Ausdruck in Verfassung, Gesetz und Verordnung, in Statuten und autonomen Satzungen (13). In diese Gruppe fällt auch das vertraglich gebildete objektive Recht.

Zum nicht gesetzten Recht gehören das Gewohnheitsrecht im eigentlichen Sinne, das sog. usuelle Gewohnheitsrecht, das richterliche und das wissenschaftliche Recht sowie allgemeine Rechtsgrundsätze.

II. Erscheinungsformen des nicht gesetzten Rechts

1. Das Gewohnheitsrecht

a) Im allgemeinen

Unter den Begriff "Gewohnheitsrecht" fallen das Gewohnheitsrecht im eigentlichen und engeren Sinne, an dessen Entstehung ausschliesslich die Rechtsgenossen beteiligt sind (14), und das usuelle Gewohnheitsrecht, das in der Uebung bewährtes richterliches oder wissenschaftliches Recht darstellt (15).

Art. 1 ZGB überlässt die Umschreibung des Begriffs des Gewohnheitsrechts der Rechtsprechung und der Wissenschaft. Der Richter wird angewiesen, zuerst das Gesetz zu befragen und erst dann nach der Regel zu entscheiden, die er als Gesetzgeber aufstellen würde, wenn er festgestellt hat, dass keine gewohnheitsrechtliche Norm besteht, die auf den zu beurteilenden Tatbestand zutrifft (16). Sobald das Gesetz eine Lücke aufweist - und das ist gerade im ZGB nicht selten der Fall - kann der Richter somit veranlasst sein, sich mit dem Gewohnheitsrecht auseinanderzusetzen. Der Aufgabe, möglichst genau festzuhalten, was unter Gewohnheitsrecht zu verstehen sei, kommt deshalb nicht nur dogmatische, sondern auch praktische Bedeutung zu.

12) Liver 24.

13) Liver 23; Höhn 3.

14) Liver 50; Simonius 39; Rümelin 43/44.

15) Liver 23/24.

16) Meier-Hayoz; Richter 60,162.

b) Die konstitutiven Merkmale

Nach der herrschenden Meinung sind die konstitutiven Elemente des Gewohnheitsrechts die Uebung und die opinio iuris sive necessitatis (17). LIVER (18) bezeichnet die beiden konstitutiven Elemente des Gewohnheitsrechts als "Tatsachen des sozialen physischen und psychischen Lebens". GENY (19) spricht von den zwei "éléments substantiels", wobei er in der Uebung "l'élément de fait", "matériel et sensible" und in der opinio necessitatis "l'élément d'ordre psychologique" sieht. RUEMELIN (20) unterscheidet ein "äusseres" und ein "inneres Moment". HOEHN (21) kennzeichnet die Uebung als "objektives" und die Rechtspflichtüberzeugung als "subjektives Merkmal". Damit wird auf die Verschiedenheit der opinio iuris und der consuetudo hingewiesen: während sich das erste Merkmal aus einem psychischen Vorgang im einzelnen Menschen ergibt, kann das zweite im sozialen Leben als sichtbares Geschehen wahrgenommen werden.

PUCHTA hat in seinem bedeutenden Werk mit Nachdruck die Auffassung vertreten, dass die Uebung bloss ein Mittel für die Erkenntnis und Feststellung des Gewohnheitsrechtes sei, auf keinen Fall aber ein Entstehungsgrund. Die opinio iuris sei der einzige rechtserzeugende Faktor und gehe gewissermassen der Uebung voraus, die Beweis ablege für die ihr vorausgegangene und zugrundeliegende Rechtsüberzeugung (22). Autoren der neueren Zeit haben sich dieser einseitigen Meinung vorbehaltlos angeschlossen (23). Sie trifft aber in ihrer Ausschliesslichkeit nur auf das Gewohnheitsrecht zu, das sich in der Gegenwart auf Grund des Juristenrechts bildet. Juristenrecht hat seinen Geltungsgrund "in der von den Juristen erkannten, in Vertretung des Volkes fortgebildeten und betätigten Rechtsüberzeugung" (24). In diesem Fall bildet die Gewohnheit Erkenntnismittel und Beweis für die Uebereinstimmung der Rechtsüberzeugung, wie sie von den Juristen erkannt und fortgebildet wurde, und der Rechtsüberzeugung, wie sie im Volke herrscht. Inbezug auf die Bildung von usuellem Gewohnheitsrecht ist demnach PUCHTA zuzustimmen.

17) Folgende Autoren bezeichnen diese Meinung als herrschend: Gény I 355ff.; Liver 50; Tuor 34; Gmür 83/4; Simonius 23; Wackernagel 125; Pache 73; Höhn 45; Larenz 269/270.

18) Liver 13.

19) Gény I 356/7, 360, 370.

20) Rümelin 54.

21) Höhn 43ff.

22) Puchta II 10,151; S. 9: "dass ein Rechtssatz durch seine Anwendung erst entstehe, das wird kein Verstand begreifen".

23) so u.a. Reichel, Gesetz 102.

24) Liver 25.

Für die Entstehung von Gewohnheitsrecht im engeren Sinne jedoch, wird PUCHTA der Bedeutung der Uebung nicht gerecht. LIVER schreibt denn auch, dass das Gewohnheitsrecht im engeren Sinne "heute sich weniger in der Weise bildet, dass sich die opinio necessitatis infolge der Uebung einstellt, sondern eher deshalb zur Anerkennung gelangt, weil die Uebung mit der in der Rechtsgemeinschaft herrschenden Rechtsüberzeugung übereinstimmt" (25). Soweit also heute noch Gewohnheitsrecht im eigentlichen und engeren Sinne entsteht, bildet dabei auch die Uebung einen rechtsbildenden Faktor.

c) Die Uebung

Die Doktrin unterscheidet zwei Arten von Uebungen: die Uebung der Rechtsgenossen, die consuetudo, und die im Gerichtsgebrauch bestehende Uebung, den usus (26). Stets aber ist die Uebung die Wiederholung einzelner, gleichartiger Handlungen. Es soll nun untersucht werden, welche Anforderungen die consuetudo erfüllen muss, damit sie Trägerin von Gewohnheitsrecht sein kann. Wir erinnern uns an dieser Stelle, dass das römische Recht eine longa, diuturna, inveterata, tenaciter servata, antiquitus probata consuetudo verlangt.

Das Erfordernis, das man in erster Linie an die Uebung stellen muss, ist eine weitgehende Gleichförmigkeit der Einzelhandlungen (27). Ungleichartige Verhaltensweisen können nicht zur Entstehung einer Uebung führen, die ja den Inhalt der gewohnheitsrechtlichen Norm bildet. Anderseits ginge es zu weit, ausschliesslich identische individuelle Handlungen als Grundlage der consuetudo anzuerkennen.

Die einzelnen Handlungen müssen regelmässig auftreten und eine Reihenfolge ergeben, die zwar nicht lückenlos zu sein braucht, aber doch den Eindruck einer gefestigten Gewohnheit erwecken soll (28). Längere Unterbrüche lassen Zweifel an der erforderlichen "constanten Wiederholung" (29) aufkommen.

Welche Dauer, d.h. welches Alter eine Uebung haben muss, ist von Fall zu Fall verschieden (30) und kann deshalb nicht allgemein vorgeschrieben werden. Die herrschende Meinung verlangt eine längere Dauer (31), womit

25) Liver 24.

26) Liver 41; Rümelin 58.

27) Gény I 358 N4: "des actes uniformes" ; Puchta II 89; Simonius 23; Pache 24; Höhn 44; Reichel, Gesetz 105.

28) Gény I 358; Pache 25; Larenz 269.

29) Puchta II 104.

30) Gény I 359; Simonius 31; Pache 22.

31) Gény I 358: Die Uebung soll "assez longtemps" gedauert haben; Höhn 44.

zum allermindesten einige Jahre gemeint sein dürften. Bestimmte Zeitangaben von 10, 20, 30 oder 40 Jahren, die sich bisweilen in der älteren Literatur vorfinden, sind stets von Instituten übernommen worden, welche die Entstehung subjektiver Rechte durch Zeitablauf regeln, wie z. B. die Verjährung oder die Ersitzung (32). Diese Analogie leidet jedoch an der ihr zugrunde liegenden unzutreffenden Gleichstellung subjektiver Einzelberechtigungen mit objektivem Recht.

Von entscheidender Bedeutung ist auch die Intensität einer Uebung (33), d. h. das Verhältnis zwischen der Zahl der Einzelhandlungen und der Dauer der Gewohnheit. Selbst wenn die Uebung schon mehrere Jahre andauert und man deshalb geneigt wäre, an die Häufigkeit, mit der die Einzelfälle auftreten, eher kleinere Anforderungen zu stellen, so ist doch eine minimale Dichte in der Reihenfolge der individuell-konkreten Verhältnisse unerlässlich (34). Ist die Intensität einer bestimmten Uebung sehr ausgeprägt, so wird schon eine kürzere Dauer für ihre Anerkennung genügen.

Reicht die Uebung nicht bis in die Gegenwart hinein, so wird der Richter prüfen müssen, ob sich die Verhältnisse unterdessen verändert haben (35). Wie weit eine zurückliegende Praxis noch berücksichtigt werden darf, wird wiederum von der Intensität abhängen, mit welcher früher die Einzelakte sich folgten. Eine relativ rasche Vergrösserung der Zeitabstände zwischen den Handlungen lässt das Abklingen einer bis anhin intensiven Gewohnheit vermuten.

Schliesslich muss die consuetudo der Oeffentlichkeit bekannt sein (36). Nicht veröffentlichte Weisungen der Verwaltung oder von Wirtschaftsverbänden können deshalb nicht zur Entstehung von Gewohnheitsrecht führen.

d) Die opinio iuris vel necessitatis

Die opinio necessitatis ist der eigentliche oder zum mindestens der entscheidende rechtsbildende Faktor (37). Eine Uebung kann noch so lange währen und auch die übrigen an sie gestellten Anforderungen erfüllen, ohne die opinio iuris hat sich die Wandlung von der Verhaltensregel zur gewohnheitsrechtlich verbindlichen Norm noch nicht vollzogen.

32) Puchta II 98.

33) Höhn 45; Pache 23.

34) Höhn 45; Germann, Probleme 137.

35) Vgl. Höhn 45.

36) Gény I 360; Höhn 52.

37) Liver 24; vgl. auch Gény I 361: "l'élément spécifiquement caractéristique de la coutume juridique", und I 364: "condition... génératrice du droit".

Unter der opinio necessitatis der an einer Uebung Beteiligten oder der ganzen Rechtsgemeinschaft ist die "Rechtspflichtüberzeugung" (38) zu verstehen, d.h. die bei den Rechtsgenossen vorhandene Gewissheit, dass eine Verhaltensregel Rechtsnorm und als solche verbindlich ist (39). Die Ueberzeugung, dass richtiges Recht vorliege, ist hingegen für die Bildung von Gewohnheitsrecht nicht erforderlich (40). Die Rechtsgenossen können somit eine Uebung in Erfüllung einer Rechtspflicht befolgen, ohne den Inhalt der geübten Norm zu billigen (41). Auch Normen des gesetzten Rechtes werden ja bisweilen als ungerecht empfunden, und dennoch herrscht die Ueberzeugung vor, man habe sich ihnen zu fügen. Solche Spannungen zwischen Recht und Gerechtigkeitsempfinden sind freilich nicht von unbegrenzter Dauer, wenn sie einen grösseren Teil des Volkes erfassen. Das als unbillig oder ungerecht empfundene positive Recht - gesetztes Recht oder Gewohnheitsrecht - verliert allmählich seine Geltung, es sei denn, das Gerechtigkeitsempfinden weiter Kreise wandle sich zu seinen Gunsten.

Der Kreis der Träger der Rechtspflichtüberzeugung kann enger oder weiter gezogen werden. Die kleinste Gruppe umfasst die an der Uebung direkt Beteiligten. Es handelt sich hier um die Einzelnen und gegebenenfalls auch die Behörden, die selbst die geübte Verhaltensregel befolgen. Der Kreis wird in der Regel grösser, wenn verlangt wird, dass die Uebung von allen, die davon betroffen werden können, d.h. von den Normadressaten (42), als positives Recht betrachtet werden muss. Schliesslich kann die opinio necessitatis bei allen Rechtsgenossen als allgemeine Rechtsüberzeugung vorhanden sein. Es ist dies dann aber "eine qualifizierte opinio necessitatis, nämlich die Ueberzeugung, dass richtiges Recht vorliege, richtiges Recht in dem Sinne, dass es innerhalb der bestehenden Rechtsordnung und auf Grund der bestehenden Verhältnisse das bestmögliche Recht sei und deshalb zu billigen sei" (43).

Für die Bildung von Gewohnheitsrecht genügt es, dass die opinio necessitatis lediglich bei den Normadressaten nachgewiesen werden kann oder zu vermuten ist. Zu den Normadressaten gehören nicht alle Rechtsgenossen schlechthin, sondern nur wer die Voraussetzungen erfüllt (oder in den Fall kommt, sie zu erfüllen), unter denen die Norm zu befolgen ist. In jedem Falle aber darf die opinio necessitatis der Normadressaten nicht mit der

38) Liver 13.

39) Liver 42; Gény I 361, Anm. 4 letzter Satz; Tuor 34; Gmür 83; Wackernagel, Betrachtungsweise 125, Beiträge 362; Larenz 270; Pache 73; Höhn 49.

40) Liver 41/42.

41) a.M. Reichel, Gesetz 102; seine Meinung verwirft Simonius 29, Anm. 78a.

42) Höhn 51/2.

43) Liver 41/2.

in der Rechtsgemeinschaft herrschenden Rechtsüberzeugung im Widerspruch stehen (44).

2. Das sog. usuelle Gewohnheitsrecht im besonderen

Gewohnheitsrecht im eigentlichen und engeren Sinne, dessen konstitutive Merkmale in gleichem Masse Uebung und Rechtsüberzeugung sind, bildet sich heutzutage selten. Eine viel grössere Bedeutung kommt dem Gewohnheitsrecht zu, das durch die Gerichtspraxis entsteht (45). Sein Inhalt wird nicht durch die Uebung bestimmt, sondern durch den Richter und die Wissenschaft. Die Uebung ist lediglich das Zeugnis für die Uebereinstimmung der betreffenden Norm mit der in der Rechtsgemeinschaft herrschenden Rechtsüberzeugung; der entscheidende rechtsbildende Faktor dieses Gewohnheitsrechts ist deshalb die opinio iuris (46). Seine Normen bilden sich nicht im Bewusstsein der einer Uebung nachlebenden Rechtsgenossen. Sie werden durch den Richter oder die Wissenschaft gefunden und bewähren sich durch wiederholte Anwendung im Gerichtsgebrauch (47). Das richterliche und wissenschaftliche Recht kann sich aber auch in der Uebung der Rechtsgenossen bewähren: Durch die Praxis der Gerichte erfahren die Rechtsgenossen vom Bestand von Normen, die nicht im Gesetz festgelegt sind und an deren Entstehung sie im Gegensatz zum eigentlichen Gewohnheitsrecht ursprünglich nicht beteiligt waren; stimmt nun die gleichförmig angewendete richterliche oder wissenschaftliche Norm mit der in der Rechtsgemeinschaft herrschenden Rechtsüberzeugung überein oder vermag sie die opinio necessitatis der Beteiligten für sich zu gewinnen, dann liegt usuelles Gewohnheitsrecht vor (48).

Wenn die Praxis von Regierungs- und Verwaltungsbehörden zur Entstehung von Gewohnheitsrecht geführt hat (49), so haben diese Normen insofern usuellen Charakter, als ihr Inhalt nicht Ausdruck einer von den Rechtsgenossen befolgten Uebung ist.

Das usuelle Gewohnheitsrecht kann ebenfalls intra, praeter und selbst contra legem auftreten.

44) Liver 24; Germann, Probleme 138.

45) Gény I 386: Gewohnheitsrecht kann sich bilden "sur le fondement soit d'une jurisprudence, soit d'une doctrine"; und II 51:"la jurisprudence... comme propulseur de la coutume".
Eugen Huber, Rechtsverwirklichung 436/7; Liver 23/24, 53/54; Egger, Komm. zu Art. 1 N 55; Rümelin 42; Spiro 346; Gschnitzer 41.
Pache 155, unterscheidet Gewohnheitsrecht "d'essence populaire" und "les règles nées par un constant usage judiciaire".

46) Liver a.a.O.

47) Liver a.a.O.; Gmür, Anwendung 96; Simonius 45.

48) Liver a.a.O.

49) Rümelin 42: "In heutiger Zeit bilden sich die regelhaften Entscheidungsnormen in der Gerichtspraxis oder in der Praxis der Verwaltungsbehörden und gehen im günstigen Falle von da in das Volksbewusstsein über".

3. Die richterliche Rechtsfindung

Die Erfahrung zeigt, dass in einem einzigen Urteil vom Richter allein oder mit Hilfe der Wissenschaft festgehaltene Normen die Geltung des objektiven Rechtes erlangen, bevor sich eine Uebung der Gerichte oder der Rechtsgenossen gebildet hat (50). Die richterliche Rechtsfindung kann demnach nicht eine Art Gewohnheitsrecht sein, da die von ihr gefundene Norm Geltung hat, obwohl die consuetudo ihrer Befolgung fehlt (51). Man muss ihr vielmehr unter den Rechtsquellen eine besondere Stelle einräumen (52).

LIVER teilt solche Urteile, die unmittelbar juristische Geltung erhalten, in zwei Kategorien ein: Die einen haben die allgemeine Rechtsüberzeugung für sich, während die andern eine Rechtslage schaffen, die aus Gründen der Rechtssicherheit nicht mehr geändert werden kann (53). Normen, die ihre Geltung der Rechtssicherheit verdanken, können Frist- und Formvorschriften sein (54). Es gibt aber noch andere Fälle. Wenn das höchste Gericht erklärt, eine bloss in einzelnen Landesgegenden verbreitete Einrichtung sei als gesetzmässig anzuerkennen oder eine bisher vorgeschriebene Beschränkung der Privatautonomie bestehe nicht zu Recht, so ist aus Gründen der Rechtssicherheit eine Praxisänderung nicht mehr möglich (55).

Die Verbindlichkeit der Urteile der andern Kategorie beruht auf der opinio necessitatis (56). Es handelt sich dabei aber nicht um die gewöhnliche opinio necessitatis, die Ueberzeugung, dass es nun einmal Rechtspflicht sei, die Norm zu befolgen, selbst wenn sie unter Umständen nicht gebilligt wird (57). Das Richterrecht bedarf vielmehr der qualifizierten opinio necessitatis; es muss mit der allgemein herrschenden Rechtsüberzeugung übereinstimmen, "dass richtiges Recht vorliege, richtiges Recht in dem Sinne, dass es innerhalb der bestehenden Rechtsordnung und auf Grund der bestehenden Verhältnisse das bestmögliche Recht sei und deshalb zu billigen sei" (58). Die Uebereinstimmung des richterlichen Rechtes mit der herrschenden Rechtsüberzeugung müssen Richter und Wissenschaft immer erneut über-

50) Liver 40; Ripert 383.

51) Liver a. a. O.; Meier-Hayoz, Gewohnheitsrecht 448.

52) Eugen Huber, Rechtsverwirklichung 445; Liver 39; Du Pasquier, Introduction No. 101, 62; Simonius 67; Germann, Präjudizielle Tragweite 439; Meier-Hayoz a. a. O.

53) Liver a. a. O.

54) Liver a. a. O.; Meier-Hayoz, Komm. zu Art. 1 ZGB, N 334; Germann, Präjudizien 43/44; derselbe, Verhältnis 490; derselbe, Probleme 260, 274, 373: BGE 49 I 293, 56 I 440.

55) Beispiele bei Liver 40/41.

56) Simonius 47; Germann, Verhältnis 488/9; Spiro 302, 304; vgl. auch Meier-Hayoz, Komm. zu Art. 1, N 250.

57) Liver 42.

58) Liver 41/42; Höhn 47: "Gerechtigkeitsüberzeugung".

prüfen (59); sie werden sich einer ähnlichen Aufgabe unterziehen, wie wenn sie festzustellen hätten, ob eine bestimmte Uebung von der erforderlichen opinio iuris begleitet ist (60).

Die Normen des richterlichen Rechtes, die auf Grund der qualifizierten opinio necessitatis normative Kraft erhalten haben, wurden nicht vom Richter frei geschaffen. Er hat sie vielmehr "durch Konkretisierung von allgemeinen Grundsätzen und durch Ergänzung bestehenden Rechts zur Schliessung von Lücken des Rechts" gewonnen (61). Ziel der rechtsschöpferischen Tätigkeit des Richters ist die Erkenntnis, nicht die Schaffung des Rechts. Lässt sich aber aus den allgemeinen Rechtsgrundsätzen oder aus dem geltenden Recht keine Norm ableiten, dann muss der Richter sich gleichsam geschlagen geben. Er ist nicht legitimiert, rechtspolitische Zweckvorschriften und singuläre Bestimmungen aufzustellen (z.B. Uebergangsbestimmungen); diese Aufgabe bleibt allein dem Gesetzgeber vorbehalten (62).

4. Die Wissenschaft

Die Anregungen und Vorschläge der Wissenschaft werden vor allem in der richterlichen Rechtsfindung verwirklicht (63). Die von der Wissenschaft gefundenen Normen können aber eine selbständige Rechtsquelle bilden und die gleiche Geltung wie das richterliche Recht gewinnen, wenn sie die opinio necessitatis erlangen (64). Es handelt sich jedoch dabei um die qualifizierte Form der opinio necessitatis, um die Ueberzeugung, dass richtiges Recht vorliege (65). Die Bedeutung der Wissenschaft als Rechtsquelle steht zwar weit hinter derjenigen des richterlichen Rechts zurück, da sie selten von der communis opinio doctorum getragen ist und ihr vor allem ein Organ mit der Autorität eines höchsten Gerichtes fehlt (66).

GMUER (67) bezeichnet die Wissenschaft als "bedingte" Rechtsquelle. MEIER-HAYOZ (68) lehnt sogar diese Qualifikation ab, räumt aber ein, dass

59) Liver 42/43; Puchta II 15/16.

60) Liver a.a.O.

61) Liver, Komm. zu Art. 5, N 41. Reichel, Gesetz 109: "Es mag sein, dass er (der Richter), dem Taucher gleich, diese Rechtssätze anlässlich der Not seines Prozesses als erster zu Tage fördert; aber er hebt sie nur, er zeugt sie nicht..."

62) Ausführlich Liver 44ff.

63) Liver 48.

64) Liver 49; Simonius 54,67; Du Pasquier, Introduction No. 101, p. 62.

65) Eugen Huber,Rechtsverwirklichung 438: "...die Produkte der Wissenschaft können auf den Charakter einer Rechtsquelle Anspruch erheben, soweit sie nur richtig, soweit sie wahr sind"; Liver 41/42.

66) Liver 49; Germann, Präjudizielle Tragweite 433.

67) Festgabe Eugen Huber 46.

68) Komm. zu Art. 1 ZGB, S. 189 ff.

der Richter von der Lehre nicht abweichen wird, wenn sie sich nach eigener Ansicht als bewährt erweist (69). Das wird dann der Fall sein, wenn die communis opinio doctorum und die Uebereinstimmung des wissenschaftlichen Rechtes mit der im Volke herrschenden Rechtsüberzeugung vorliegen. Dieses von der Wissenschaft gefundene Recht ist anzuwenden. Das gerichtliche Urteil ist hier Erkenntnisquelle des von der Wissenschaft gefundenen Rechts (70).

Die Grundbegriffe und Grundsätze der gesetzlichen Ordnung werden von der Wissenschaft immer aufs neue auf ihren Sinn- und Wertgehalt überprüft (71). Deshalb ist das wissenschaftliche Recht, im Gegensatz zum partikulären Volksrecht, wie es sich in der Gegenwart noch als eigentliches Gewohnheitsrecht bildet, gemeines Recht (72).

5. Die allgemeinen Rechtsgrundsätze

Die allgemeinen Rechtsgrundsätze sind der rechtliche Ausdruck der Prinzipien der Religion, Sittlichkeit, Gerechtigkeit und Vernunft sowie der politischen und sozialen Grundentscheidungen, die der Rechtsordnung eines Volkes immanent sind (73). EUGEN HUBER spricht in seinen Erläuterungen (S. 9) von "grossen Gedanken, allgemeinen Wahrheiten", der Codice civile italiano von "principii generali dell'ordinamento giuridico". Als Beispiele (74) seien genannt: der Grundsatz der Rechtsgleichheit, der Unterordnung individueller Interessen unter das Gesamtwohl, der Grundsatz von Treu und Glauben, die Regeln des Ausgleichs kollidierender Interessen. Das Bundesgericht beruft sich wiederholt auf allgemeine Rechtsgrundsätze, ohne jedoch zu ihrer Natur Stellung zu nehmen. In einer Reihe von Entscheiden hat es zur Begründung der Schadenersatzpflicht den "allgemein anerkannten Rechtssatz" angewendet: Wer einen Gefahrzustand für Dritte schafft, ist verpflichtet, die zur Vermeidung eines Schadens erforderlichen Vorsichtsmassnahmen zu treffen; wer gegen dieses Verbot verstösst, haftet für den entstandenen Schaden (75).

Die allgemeinen Rechtsgrundsätze bilden Grundlage und Inhalt der opinio iuris der Rechtsgemeinschaft, der Rechtsüberzeugung eines Volkes, dessen "gemeinsame Auffassung von dem was 'gerecht' und 'billig' ist" (76), in

69) a.a.O.: S. 189 N 443.

70) Puchta I 166/7.

71) Liver 48; derselbe, Das schweiz. ZGB 223.

72) Liver, Das schweiz. ZGB 207.

73) Liver 26.

74) vgl. dazu Liver 26/27; Larenz 255/6; Höhn 67/68.

75) 80 II 28 und dort zit. Urteile; Liver 30; Oftinger, Schweiz. Haftpflichtrecht I 112 N 7; 57 II 81.

76) Larenz 192.

erster Linie eine Idee und weniger eine psychische Tatsache darstellt (77). Sie bilden die Grundlage jeder Vorstellung richtigen Rechtes. Sie werden weder vom Gesetzgeber (78), noch von der Rechtsprechung noch von der Wissenschaft geschaffen, sondern vielmehr erkannt und weiter entwickelt.

In der Regel bedürfen die allgemeinen Rechtsgrundsätze der Konkretisierung zu Entscheidungsnormen, um die Form positivrechtlicher Verbindlichkeit zu erhalten. Dies geschieht durch das Gesetz, die Wissenschaft und die Rechtsprechung (79). Sie werden insbesondere in der Verfassung und in den Grundsatznormen (80) der Gesetze festgehalten und erlangen auf diese Weise rechtliche Gültigkeit. Bisweilen bedürfen selbst die ins Gesetz aufgenommenen allgemeinen Rechtsgrundsätze einer Konkretisierung (81).

Es gibt indessen allgemeine Rechtsgrundsätze, die rechtsverbindlich sind, obschon sie nicht positiviert sind, weil diese Grundsätze - was eher selten und die Ausnahme bildet (82) - als "unmittelbar anwendbare Entscheidungsnormen" (83) auftreten. Solche Rechtsgrundsätze haben ebenfalls die opinio iuris der Rechtsgemeinschaft für sich, sind aber wegen ihrer Eigenschaft, direkt auf den Einzelfall anwendbar zu sein, eine selbständige formelle Rechtsquelle.

III. Die Abgrenzung zwischen Gewohnheitsrecht einerseits, Verkehrssitte anderseits

Die Verkehrssitte (Uebung, Ortsgebrauch, Handelsgebrauch oder -usance) ist eine tatsächliche Uebung, eine Regel des sozialen Lebens, nach der sich eine mehr oder weniger grosse Menschenzahl zu richten pflegt (84). Als normative (84a) Verkehrssitte bestimmt sie den Inhalt gesetzlicher Vorschriften, in ihrer rechtsgeschäftlichen (84a) Funktion dient sie der Auslegung von Rechtsgeschäften, wird zum Bestandteil des Rechtsgeschäftes und regelt schliesslich die Modalitäten der Erfüllung (85). Im ZGB und im OR wird zwar die "Verkehrssitte" allgemein mit "Uebung und Ortsgebrauch" und ähnlichen

77) Liver 26.

78) Liver, Der Wille des Gesetzes 6.

79) Liver 27, 29.

80) Dies im Gegensatz zu den "singulären Normen", die rechtspolitische Zweckvorschriften enthalten (Liver 34). Vgl. auch Larenz 255/6, 255 Anm. 2, 314.

81) Liver, Der Wille des Gesetzes 8.

82) Larenz 315.

83) Liver 25.

84) Oertmann 30, 32; v. Tuhr, Allg. Teil des BGB I 31; Liver, Komm. zu Art. 5, 463 N 67 ff.

84a) Unterscheidung nach Oertmann, Vorwort.

85) Liver a.a.O., 464.

Formulierungen bezeichnet (86). Ortsgebrauch einerseits, Uebung anderseits sind aber nicht als verschiedene Kategorien der Verkehrssitte aufzufassen: der erste als lokaler, die zweite als branchenmässige Differenzierung des Rechts: Uebung und Ortsgebrauch, im Marginale zu Art. 5 unter der Bezeichnung "Ortsübung" zusammengefasst, ist ein Begriff für die partikulären Gewohnheiten, die dem einheitlichen eidgenössischen Recht gegenübergestellt sind (87).

Die Verkehrssitte ist keine selbständige Rechtsquelle noch eine Art des Gewohnheitsrechts, weil ihre Geltung entweder auf dem Gesetz (in ihrer normativen Funktion) oder auf dem Vertrag (in ihrer rechtsgeschäftlichen Funktion) beruht (88); sie stellt also kein objektives Recht dar (89). Im ersten Fall wird die Verkehrssitte durch die entsprechende Verweisung zum Inhalt des Gesetzes, von dem sie allein Geltungskraft erhält. Dies kann auch dann der Fall sein, wenn ein Ortsgebrauch (oder eine Uebung) alle Merkmale des Gewohnheitsrechts aufweist, also ebenfalls die opinio necessitatis für sich gewonnen hat. Die Anerkennung einer solchen Verkehrssitte als Gewohnheitsrecht setzt zweierlei voraus: entweder ist das betreffende Rechtsgebiet den Kantonen überlassen, oder dann enthält das Bundesrecht keine anwendbare Norm und keine Verweisung auf Uebung und Ortsgebrauch (90). Im zweiten Fall liegt eine Uebung nicht mit gesetzlichem, sondern mit rechtsgeschäftlichem Geltungsgrund vor. Die Regeln der Verkehrssitte sind hier Ausdruck des Parteiwillens. Der Richter anerkennt sie nur, wenn die Parteien sich ihnen ausdrücklich oder stillschweigend unterworfen haben (91). Merkmal des objektiven Rechts ist aber gerade, dass es unabhängig vom Willen der Vertragsparteien gilt.

Die Verkehrssitte kann zum Gewohnheitsrecht aufsteigen, wenn sie - wie angedeutet - die opinio necessitatis für sich gewinnt (92). Es ist ebenfalls

86) Zusammenstellung der Artikel des ZGB und des OR, die auf Uebung und Ortgebrauch verweisen, bei Liver a.a.O., 467 ff.

87) Liver a.a.O., N 89, N 90.

88) Liver a.a.O., N 73; derselbe, 17 ff.

89) Diese Auffassung ist auch heute nach der Feststellung von Liver (S. 21, Anm. 1) herrschend geblieben; a.M. Pache 108 ss.; Raiser L., Das Recht der Allgemeinen Geschäftsbedingungen 1935 82, zit. bei Liver a.a.O.

90) vgl. dazu Liver a.a.O., N 109 und 110. Vorbehalten bleibt immerhin die Frage, ob nicht Gewohnheitsrecht contra legem vorliegen könnte.

91) Puchta II 33; Huber-Mutzner 179; Rümelin 43/44 Anm. 3; Du Pasquier, lacunes 29. Gmür, Anwendung 89; Reichel, Gesetz 99; Pfenninger 19: "Die Verkehrssitte gilt nicht unabhängig vom Willen und der Kenntnis der Parteien, aber dieser Parteiwille und diese Kenntnis wird im Interesse der Verkehrssicherheit zugunsten der Verkehrssitte solange präsumiert, als nicht das Gegenteil bewiesen ist".

92) Gény I 429, 430/1: "... cette transformation est due à la substitution graduelle, d'une volonté commune et d'ensemble, aux volontés particulières, qui, créant un sentiment général de nécéssité juridique (opinio iuris), aura isolé la règle usuelle de l'intention subjective des individus, pour l'ériger finalement en disposition de droit objectif..."; Liver 21; Tuor, Das schweiz. ZGB 34; Rümelin 16, Anm. 2; Reichel, Gesetz 100, nennt die Verkehrssitte "eine Pflanzschule des Gewohnheitsrechts"; derselbe, Einleitungsartikel (26).

nicht ausgeschlossen, dass umgekehrt ein Gewohnheitsrecht sich allmählich zur blossen Uebung zurückbildet (93). Die Grenze zwischen Verkehrssitte und Gewohnheitsrecht ist im übrigen in der Praxis nicht immer leicht zu ziehen (94).

IV. Missbräuchliche Verwendung der Bezeichnung Gewohnheitsrecht: Verwechslung mit Erscheinungen der Entstehung von subjektiven Rechten durch Zeitablauf

Der landläufige Sprachgebrauch bezeichnet oft das Recht an einer Sache irrtümlich als Gewohnheitsrecht. Man will damit sagen, dass ein subjektives Recht bestehe, weil sein Ursprung weit in der Zeit zurückliegt und man es bis in die Gegenwart hinein unbestritten ausgeübt hat. Das Gewohnheitsrecht wird in diesem Zusammenhang mit der Ersitzung und dem Institut der Unvordenklichkeit verwechselt (95). Beide Einrichtungen haben mit dem Gewohnheitsrecht wohl gemeinsam, dass bei ihrer Entstehung der Zeitablauf eine wesentliche Rolle spielt. Die Entwicklungsprozesse und ihre Ergebnisse liegen aber auf verschiedenen Ebenen. Im einen Fall entsteht ein persönlicher Anspruch, ein subjektives Recht, während im andern eine Norm, objektives Recht aus der Uebung hervorgeht. Diese Unterscheidung dürfte bei der Ersitzung zu keinerlei Schwierigkeit Anlass geben. Das Institut der Unvordenklichkeit hingegen ist einer kurzen Erörterung wert.

Der Beweis der Unvordenklichkeit ersetzt den Erwerbstitel. Er begründet die Rechtsvermutung, dass ein Recht, dessen Ursprung durch die Zeit verdunkelt ist, von jeher bestanden hat (96). STOBBE gibt folgende Definition: "Ein Zustand gilt als unvordenklich, wenn die Kunde eines anderen Zustandes der memoria hominum entschwunden ist; es wird erfordert, dass die gegenwärtige Generation keinen andern Zustand gekannt und auch von ihren Vorfahren nicht in Erfahrung gebracht hat. Unvordenklichkeit ist also vorhanden, wenn der betreffende Zustand mindestens zwei Menschenalter hindurch gewährt hat, welche man regelmässig zu je 40 Jahren zu rechnen pflegt" (97). Das Institut der Unvordenklichkeit ist auch heute noch unentbehrlich, wenn die Voraussetzungen für die Ersitzung nicht erfüllt sind (98).

93) Reichel, Einleitungsartikel (29).

94) Gény I 431; Simonius 36.

95) Ueber die Unvordenklichkeit herrscht z. B. im BGE 74 I 41 Unklarheit. Richtig dagegen der nicht veröffentlichte BGE i. S. Commune de Salvan vom 30. 10. 1933, E. 4.

96) Liver, Komm. zu Art. 731 N 142 S. 184; Stobbe I 660; Gierke, Deutsches Privatrecht I 313, 315.

97) Stobbe I 657.

98) Liver a. a. O., N 143, 144.

Die Verwechslung der Unvordenklichkeit mit dem Gewohnheitsrecht hat wohl ebenfalls historische Gründe. In den Weisthümern des deutschen Rechtes sind Gesetz und Befugnis, Norm und Rechtsverhältnis eng ineinander verflochten, so dass es bis in die Neuzeit hinein keine Selbstverständlichkeit war, die Normen erzeugende Gewohnheit von der Rechtsverhältnisse begründenden Unvordenklichkeit zu unterscheiden (99). Beide Erscheinungen fielen unter den vagen Begriff des "Herkommens" (100).

§ 2 Die Entstehung von Gewohnheitsrecht

I. Im allgemeinen

Die Uebung - und damit das Gewohnheitsrecht - bildet sich durch ein bestimmtes sich wiederholendes Verhalten. Die juristische Qualifizierung eines Tatbestandes oder eine Begriffsbestimmung können niemals Gegenstand eines Gewohnheitsrechts sein (101). Der Ursprung einer Uebung kann auf verschiedenen Ebenen liegen:

Einmal kann das Verhalten der Rechtsgenossen von Anfang an auf die Ordnung eines rechtlichen Verhältnisses gerichtet sein. Vorerst liegt bloss eine vertragliche Bestimmung vor, die aber mit wiederholter Vereinbarung den Charakter des allgemein Gebräuchlichen erhält. Sie wird z. B. zum Bestandteil Allgemeiner Geschäftsbedingungen, auf die mit der Zeit im Wortlaut der schriftlichen Abmachungen vielleicht nicht einmal hingewiesen wird, weil vermutet wird, dass sie bei jedem Vertragsabschluss zum Vertragsinhalt gemacht seien. Nur wenn das Gegenteil gelten soll, müssen die Parteien einen ausdrücklichen Vorbehalt anbringen. Damit ist eine Verkehrssitte, ein Handelsgebrauch entstanden. Es ist natürlich auch möglich, dass vertragliche Regelungen zur Bildung einer Verkehrssitte führen, ohne dass sie vorgängig zu Allgemeinen Geschäftsbedingungen erhoben werden (102). Uebrigens verdichtet sich in einer kodifizierten Rechtsordnung die Verkehrssitte selten zum Gewohnheitsrecht. Eher wird sie noch zum Inhalt von Gesetzesrecht gemacht (103).

99) Gierke, Genossenschaftsrecht II 462.

100) Gierke, Deutsches Privatrecht I 314.

101) Vgl. Livers Kritik zur irrtümlichen Auffassung des Bundesgerichts in 86 II 253, Konkurrenzverbote in der Gestalt einer Grunddienstbarkeit hätten "geradezu gewohnheitsrechtliche Bedeutung gewonnen" (ZBJV 97, 385); ferner im öff. Recht: Peters 79; Turegg-Kraus 61.

102) Vgl. Liver, Der Vertrag als Mittel der Bildung von Gewohnheitsrecht 20 ff.

103) Liver 21.

Im andern Fall besteht die Uebung nicht in Einzelakten, welche auf die Ordnung rechtlicher Beziehungen gerichtet sind. Unzählige Abmachungen des gesellschaftlichen Lebens werden von jedermann als bindend betrachtet, ohne dass damit auch nur der Gedanke an eine Rechtspflicht verbunden ist (104). Solches rein soziales Verhalten kann Ursprung einer für die Bildung von Gewohnheitsrecht ausreichenden Uebung sein, wenn es zur Regel geworden, in das Rechtsbewusstsein der Einzelnen eindringt (105).

Das Schwergewicht in der Entwicklung der Uebung zum Gewohnheitsrecht liegt jedoch auf der Rechtspflichtüberzeugung (106), der opinio iuris sive necessitatis. Die Bildung von Gewohnheitsrecht durch langjährige Uebung, begleitet von der opinio necessitatis, kann sich auch heute noch vollziehen. Mit der Befolgung der Uebung entsteht bei den Rechtsgenossen die Gewissheit, dass eine Verhaltensregel nun einmal Rechtsnorm und als solche verbindlich sei. In der Gegenwart aber gelangt das Gewohnheitsrecht im engeren Sinne eher deshalb zu Anerkennung, "weil die Uebung mit der in der Rechtsgemeinschaft herrschenden Rechtsüberzeugung übereinstimmt" (107), deren Ausdruck die allgemeinen Rechtsgrundsätze bilden. Diese qualifizierte opinio necessitatis geht also in nuce - nämlich in der Form der allgemeinen Rechtsgrundsätze - der consuetudo voraus.

Der Vorgang der Rechtserzeugung wird eingeleitet durch individuelle Entschlüsse und Rechtsüberzeugungen, welche zur Gemeinüberzeugung aller derjenigen führen muss, die an der Uebung beteiligt sind (108). Ihre übereinstimmende Ueberzeugung, dass es Rechtspflicht ist, eine bestimmte Uebung zu befolgen, erhebt die Verhaltensregel zum Gewohnheitsrechtssatz. Bei diesem Prozess spielen die "Meinungsträger" eine wichtige Rolle. Einzelpersonen und kleinere Gruppen, welche für die grosse Mehrheit der Normadressaten eine gewisse Autorität besitzen, vertreten und verbreiten ihre Auffassung, dass eine bestimmte Regel objektives Recht sein sollte (109). Sie beschleunigen den Vorgang der Rechtserzeugung. Ihre Meinung hat auch bei der Feststellung von Gewohnheitsrecht erhöhtes Gewicht. Zu ihnen zählen nicht nur die Vertreter der Wissenschaft, sondern unter Umständen auch Persönlichkeiten des politischen und gesellschaftlichen Lebens (110), deren Meinungsäusserungen in der Allgemeinheit grossen Widerhall finden.

104) Vgl. Ehrlich, Tatsachen 10.

105) Vgl. Huber/Mutzner 169/170.

106) Liver 13.

107) Liver 24.

108) Simonius 73; Wackernagel, Beiträge 362.

109) Wackernagel a. a. O.

110) Z. B. Publizisten.

Der Richter übt auf die Entstehung der verschiedenen Arten von Gewohnheitsrecht einen verschieden starken Einfluss aus. Während das usuelle Gewohnheitsrecht in erster Linie aus der richterlichen Tätigkeit hervorgeht, erfüllt der Richter bei der Bildung von Gewohnheitsrecht im engeren Sinne eine sekundäre Aufgabe. Es ist gerade ein Zeichen der unbestrittenen Geltung desjenigen Gewohnheitsrechts, das aus der Uebung der Rechtsgenossen hervorgeht, dass es befolgt wird, ohne zu einem Urteil Anlass zu geben (111). Dieser Fall bildet jedoch die Ausnahme. In der Regel verleiht das erste bestätigende Urteil der gewohnheitsrechtlichen Regel genaueren Ausdruck und eine verstärkte Geltung (112). Die Tätigkeit des Richters ist dabei förderlich, wenn auch nicht unerlässlich, da das Gericht mit der Anwendung des Gewohnheitsrechtssatzes gleichzeitig seine - bereits vor dem Urteil bestehende - Geltung anerkannt hat.

II. Die Entstehung des usuellen Gewohnheitsrechts

Wenn weder das Gesetz noch das Gewohnheitsrecht dem Richter bei der Rechtsanwendung eine Antwort gibt, wird er seinem Urteil eine Norm zugrunde legen, die er einem früheren Urteil oder der Doktrin entnommen hat. Sein Entscheid beruht dann auf richterlichem oder wissenschaftlichem Recht. Diese Entscheidungsnorm wird in weiteren Urteilen angewendet und auch von anderen Gerichten übernommen, wodurch sich ein Gerichtsgebrauch bildet (113). Auch wenn ein Gerichtsgebrauch im Entstehen begriffen ist, soll sich der Richter in jedem einzelnen Fall von neuem mit ihm auseinandersetzen und ihm die Gefolgschaft verweigern, wenn er mit seiner Rechtsüberzeugung nicht vereinbar ist. Der Ueberprüfung ist er auch dann nicht enthoben, wenn er geneigt ist, die bisherige Praxis zu billigen (114). Will er sich von der Praxis lossagen, so hat er das Urteil besonders eingehend und umsichtig zu begründen (115).

Nicht jede Gerichtsübung taugt als Grundlage für die Bildung von Gewohnheitsrecht. Man wird verlangen müssen, dass in allen Instanzen (116) wiederholt (117) und übereinstimmend (118) entschieden worden ist. In diesem

111) Pache 62; Simonius 39.

112) Gény I 366; Pache 62; Simonius 40; Gmür, Komm. zu Art. 1 ZGB N 18.

113) Pfenninger 51, bezeichnet den Gerichtsgebrauch als die "Sitte der rechtsprechenden Organe".

114) Reichel, Einleitungsartikel (68).

115) Vorbehalten sei der Fall, da bereits ein einziges Urteil die Geltung objektiven Rechts erlangt hat: Liver 40.

116) Pache 155.

117) Tuor 34; Meier-Hayoz, Komm. zu Art. 1 N 248; Pache 156.

118) Tuor a.a.O.; Meier-Hayoz a.a.O.

Sinne soll, wie man häufig sagt, eine konstante (119) Praxis vorliegen. Die Phase der Kritik soll abgeschlossen sein. Man soll mit Bestimmtheit sagen können, dass sich der Gerichtsgebrauch bewährt habe (120).

Eine konstante Rechtsprechung wird in den beteiligten Kreisen bekannt und den Rechtsgenossen zum Bewusstsein gebracht (121). In dieser Phase der Rechtsbildung erweist sich, ob die Einzelnen ihr Verhalten allmählich der Praxis anpassen (122) und sich nach ihr richten (123). Ist dies der Fall, so ist es leicht möglich, dass die richterliche Entscheidungsnorm die opinio necessitatis der beteiligten Kreise für sich gewinnt (124). Mit andern Worten: Die Rechtsgenossen erwarten nun, dass der Richter wiederum gleich entscheiden und die betreffende Norm durchsetzen werde (125). Die Befolgung der Rechtsprechung wird von jetzt an als Rechtspflicht angesehen: Aus dem unverbindlichen Gerichtsgebrauch ist usuelles Gewohnheitsrecht entstanden. Ein Gewohnheitsrecht also, das aus der Praxis der Gerichte und nicht aus der Uebung der Rechtsgenossen hervorgegangen ist (126). In Einzelfällen erlaubt es "die besondere Wertbetontheit und auch die wissenschaftliche Bestätigung" der in Frage stehenden Norm, eine opinio iuris gelten zu lassen, die nicht diejenige Allgemeinheit und Intensität erreicht, wie dies für die Entstehung des eigentlichen Gewohnheitsrechts erforderlich ist (127).

Es kann aber auch der Fall eintreten, dass der Gerichtsgebrauch vorerst eine Uebung der Rechtsgenossen auslöst, eine langdauernde Uebung, die den Gerichtsgebrauch begünstigt und verstärkt (128). Die opinio necessitatis stellt sich dann mit der Zeit ein auf Grund der Uebung der Gerichte und der Rechtsgenossen. Der Gerichtsgebrauch wird bisweilen jedoch durch eine ihn teilweise oder ganz ersetzende Uebung umgeformt (128). Nur diese abgeänderte Praxis vermag dann unter Umständen die opinio necessitatis der Rechtsgemeinschaft für sich zu gewinnen und damit auch für den Richter verbindlich zu werden. Hier hat ebenfalls die Gerichtspraxis den Anstoss zur

119) Oder wie sich Gény I 386 ausdrückt: Une jurisprudence "bien établie, .. fortement assise".

120) Liver 23.

121) Liver 54.

122) Egger, Komm. zu Art. 1 N 55, 56; Simonius 44.

123) Egger a. a. O., S. 56.

124) Gény I 386; Eugen Huber, Rechtsverwirklichung 437; Tuor 34; Gmür, Anwendung 97, anerkennt aber nur ergänzendes usuelles Gewohnheitsrecht; Rümelin 42: "Die Funktion der Volksüberzeugung wird also regelmässig darin bestehen, dass sie den Gerichtsgebrauch bestätigt und dann allerdings eine gesetzesähnliche Bindung herbeiführt"; Simonius 45: "Man kann somit sagen, das Gewohnheitsrecht auch in der Form des Gerichtsgebrauches sei mit der Pflichtüberzeugung der Beteiligten vollendet"; Liver 53; Meier-Hayoz a. a. O.

125) Spiro 299.

126) Liver 53.

127) Liver a. a. O.

128) Liver 24.

Bildung von (usuellem) Gewohnheitsrecht gegeben, wenn auch ihr ursprünglicher Inhalt sich durch die mehr oder weniger negative Reaktion der Normadressaten verändert hat.

III. Die Bedeutung der Wissenschaft für die Entstehung von Gewohnheitsrecht (Juristenrecht)

Bei der Entstehung des usuellen Gewohnheitsrechts spielt die Wissenschaft eine wesentliche Rolle. Aus ihrer Hand übernimmt der Richter oft die vorgeschlagene Lösung eines Rechtsproblems. Das von der Wissenschaft gefundene Recht ist es, das häufig zum Inhalt eines Gerichtsgebrauchs wird und schliesslich in der opinio necessitatis der Rechtsgenossen seine Positivierung erfährt (129). Die Rechtspflichtüberzeugung stellt sich hier - wie früher erwähnt - deshalb ein, weil die von der Praxis angewandte Regel mit der im Volke herrschenden Rechtsüberzeugung übereinstimmt (130). Damit bestätigt sich, dass die Wissenschaft die Rechtsüberzeugung der Rechtsgemeinschaft erkannt und ihr den richtigen Ausdruck verliehen hat (131). In diesem Zusammenhang kann in Anlehnung an die deutsche historische Rechtsschule von Juristenrecht gesprochen werden (132). Die Rechtsschule Savignys vertrat den Standpunkt, die Fort- und Neubildung des Rechtes erfolge durch die Jurisprudenz. Diese Auffassung ist noch heute richtig, aber nur inbezug auf das Gewohnheitsrecht, welches sich in der Gegenwart neu bildet. An seiner Entstehung sind meistens die Juristen - der Richterstand und die Wissenschaft - beteiligt (133).

Die von der Wissenschaft entwickelten Normen sollen Ausdruck der im Volke herrschenden Rechtsüberzeugung sein. Sie werden von den Juristen sozusagen in Vertretung der Gesamtheit der Rechtsgenossen gebildet. Das von der Wissenschaft gefundene Recht hat deshalb den Namen "Juristenrecht" erhalten (134). Diese Bezeichnung soll nur aussagen, dass die Juristen massgebend an der Entstehung von gewissen Rechtssätzen beteiligt sind. Eine selbständige Rechtsquelle bildet aber die wissenschaftliche Lehre nicht. Nur als eine Art des Gewohnheitsrechts ist das Juristenrecht geltendes Recht.

Die Wissenschaft ist im besonderen für die Bildung der opinio necessitatis des usuellen Gewohnheitsrechts von grösster Bedeutung (135). Es ist sozu-

129) Liver 54; Gény I 386.

130) Liver 24.

131) Liver 25.

132) Liver a.a.O.

133) Liver a.a.O.

134) Vgl. Liver 25; derselbe, ZSR NF 80 (1961), S. 204; Coing 234; Puchta I 166.

135) Spiro 318.

sagen ausgeschlossen, dass eine von der Doktrin einhellig abgelehnte Praxis die opinio necessitatis gewinnen kann, während umgekehrt die Zustimmung der Wissenschaft eine erhebliche Stärkung der Gerichtsübung bedeutet (136). Diese Unterstützung ist vor allem dann wichtig, wenn eine konstante Praxis zwar in den beteiligten Kreisen die opinio necessitatis bewirkt, aber nicht in der Allgemeinheit und Intensität, wie es für die Bildung des eigentlichen Gewohnheitsrechts notwendig ist. Dieser Mangel wird durch die wissenschaftliche Bestätigung der Norm ausgeglichen (137). Gelangt die Lehre zu einer communis opinio doctorum, ist es eine Ausnahme, dass sich die Rechtspflichtüberzeugung nicht einstellt (138).

§ 3 Die Feststellung des Gewohnheitsrechts

Vom Richter wird erwartet, dass er auch die auf Gewohnheitsrecht beruhenden Normen kenne: Iura novit curia. Er hat sie von Amtes wegen anzuwenden (139). Die Feststellung, ob die anwendbare gewohnheitsrechtliche Norm besteht, kann eine ausgedehnte Untersuchung nötig machen, es sei denn, der Richter sei darüber aus eigener Kenntnis und Erfahrung orientiert. Vom Richter kann nicht verlangt werden, dass er die bestehenden gewohnheitsrechtlichen Normen genau so wie die gesetzlichen Vorschriften kenne (140). Im Prozess wird man deshalb von der Partei, die sich auf Gewohnheitsrecht beruft, schon in ihrem eigenen Interesse (141) verlangen dürfen, dass sie das Gericht von der Wahrscheinlichkeit einer Uebung zu überzeugen versucht, bevor sie Anspruch auf Nachforschungen erheben kann (142). Sie soll jedoch nicht gezwungen sein, den vollen Beweis zu erbringen (143). Aber selbst wenn im Prozess keine der beiden Parteien den Bestand einer bestimmten gewohnheitsrechtlichen Norm bestreitet, bleibt dem Richter die eigene Nachprüfung nicht erspart (144). Uebung und opinio necessitatis sind wohl blosse "Tatsachen des sozialen, physischen und psychischen Lebens" (145). Aber

136) Spiro 318/9.

137) Liver 53.

138) Spiro 312.

139) Egger, Komm. zu Art. 1 ZGB N 34, S. 57; Meier-Hayoz, Komm. zu Art. 1 ZGB N 241; Huber-Mutzner 172; Pache 227; Leuch, Komm. zu Art. 202 bern. ZPO N 3 Abs. 3; Guldener 132, Anm. 2; Gmür, Komm. zu Art. 1 ZGB N 35; Germann, Probleme 135.

140) Gény I 354.

141) Germann a. a. O.

142) Gény I 319, Anm. 4; Germann a. a. O.; vgl. für Uebung und Ortsgebrauch: Pfenninger 109.

143) Vgl. im Rahmen von Art. 1 ZGB: Germann, Probleme 140.

144) a.M. Pache 228.

145) Liver 13.

sie sind der Ausdruck und damit die Erkenntnisquelle der Normen des Gewohnheitsrechts.

Die Beantwortung dieser Frage kann nicht der Verhandlungsmaxime überlassen sein, da viel mehr als nur die privaten Interessen der Prozessparteien auf dem Spiel steht. Ob eine Norm des objektiven Rechts bestehe, kann nicht davon abhängen, ob eine Partei dies behauptet und darzutun vermag.

Gegenstand der richterlichen Untersuchung sind die beiden Faktoren der Geltung des Gewohnheitsrechts: Uebung (146) und opinio necessitatis der Beteiligten (147). Zur Feststellung dieser Tatsachen (148) bedient sich die Jurisprudenz der historischen oder soziologischen Methode (149). Auf diesem Wege wird der Inhalt der gewohnheitsrechtlichen Norm festgestellt und so genau als möglich umschrieben. Diese Norm ist ein Gebot oder Verbot mit Rechtsverbindlichkeit. Die Auslegung fällt hier mit der Feststellung des Inhalts der gewohnheitsrechtlichen Verhaltensregel zusammen (150). Dabei ist die Feststellung der Rechtspflichtüberzeugung oft noch schwieriger als die Beurteilung der erforderlichen Intensität und Verbreitung der Uebung der Rechtsgenossen (151). Der Gerichtsgebrauch lässt sich an Hand der Gerichtsurteile leichter feststellen. Die opinio necessitatis ist gegeben, wenn die Uebung der in der Rechtsgemeinschaft herrschenden Rechtsüberzeugung entspricht. Einer Uebung, die dieser Rechtsüberzeugung widerspricht, sollen die Gerichts- und Verwaltungsbehörden die Anerkennung als Gewohnheitsrecht verweigern (152).

Als Erkenntnismittel kommen in Frage:

- Niederschriften (153) und Beurkundungen (154) des Gewohnheitsrechtssatzes als solchen.
- Gerichtsurteile. Sie sind für die Feststellung des Gerichtsgebrauches im Falle des usuellen Gewohnheitsrechts unerlässlich, auch die nicht veröffentlichten Urteile. Je allgemeiner die Rechtsgenossen eine Verhaltensregel mit der Ueberzeugung, dass sie rechtsverbindlich sei, befolgen, um so weniger werden die Gerichte Gelegenheit erhalten, sich mit ihr zu befassen (155).
- Entscheide und Erlasse von Verwaltungsbehörden.

146) Uebung der Rechtsgenossen oder Uebung der Gerichte (Gerichtsgebrauch).

147) Liver 25; Gmür, Anwendung 99.

148) Gény I 353; Liver 13.

149) Liver 12/13.

150) Gény I 387; Pache 242.

151) Liver 42.

152) Liver 24; Pache 87.

153) Egger, Komm. zu Art. 1 ZGB N 34, S. 57; Pfenninger 113 ff.

154) Liver, Komm. zu Art. 5 N 103, S. 474.

155) Puchta II 33; Spiro 323.

- Literatur (156), vor allem wenn in ihr eine herrschende oder gar allgemein anerkannte Lehre vertreten wird (157).
- Einholung von Auskünften bei Amtsstellen, Notariaten, Geschäftsstellen von beruflichen Organisationen, lokalen Vereinigungen (154).
- Einvernahme von erfahrenen und zuverlässigen Privatpersonen als Zeugen (158).
- Gutachten (159).

Man hat oft die Bildung des Gewohnheitsrechts mit der Entstehung eines Feldweges verglichen (160). Die ersten Schritte sind genau feststellbar; hingegen ist der Zeitpunkt, da durch die Begehung ein gebahnter Weg entstanden ist, nicht mit Genauigkeit zu bestimmen. Auch die Geburtsstunde des Gewohnheitsrechts bleibt in jedem Fall unbekannt. Gewohnheitsrecht liegt erst dann vor, wenn die es konstituierenden Tatsachen empirisch feststellbar sind.

§ 4 Der sachliche Geltungsbereich des Gewohnheitsrechts

I. Das Verhältnis zu den andern Rechtsquellen

1. Im Privatrecht

Die Kodifikation des Privatrechts hat das Gewohnheitsrecht zurückgedrängt. Aber lückenlos und allumfassend ist auch das kodifizierte Privatrecht nicht. Es bedarf der Ergänzung durch weitere Normen. Dies können aber nicht etwa Normen des kantonalen Rechtes sein. Ihre Anwendung würde dem Kodifikationsprinzip widersprechen. Wenn der Art. 1 ZGB den Richter auf das Gewohnheitsrecht verweist, kann dies nur eidgenössisches Gewohnheitsrecht sein. Kantonales Gewohnheitsrecht kann nur kantonales Gesetzesrecht ergänzen und deshalb lediglich im Bereiche des den Kantonen im ZGB vorbehaltenen Rechtes Geltung haben. Eidgenössisches Gewohnheitsrecht kann aber bestehen, auch wenn seine Befolgung nicht in allen Landesteilen oder gar in sämtlichen Kantonen festgestellt werden kann. Es genügt, dass die Uebung im einen und anderen Kanton nachgewiesen ist, sofern nur angenommen werden darf, dass die Rechtsüberzeugung, mit der sie getätigt wird, den Rechtsgenossen allgemein eigen ist und es überall, wo sich der gleiche Sachverhalt einstellt, zur gleichen Uebung kommen würde.

156) Pfenninger 116; Gmür, Komm. zu Art. 1 ZGB N 35.

157) Pache 83.

158) Liver a.a.O.; Pfenninger 114.

159) Egger a.a.O.; Liver a.a.O.; Germann, Probleme 140.

160) de Visscher 183; Pache 23.

Partikuläres Gewohnheitsrecht fällt nicht unter den Art. 1 ZGB. Seine Anwendung wäre unzulässig, weil mit ihr der Vorrang und die Einheit des Bundeszivilrechts preisgegeben würden. Erscheinungen des partikulären Rechtes können im Rahmen des Art. 5 ZGB berücksichtigt werden, aber eben nur dort, wo das Bundeszivilrecht einen Tatbestand oder eine Rechtsfolge nicht abschliessend geordnet hat, sondern zur Ergänzung auf Uebung und Ortsgebrauch verweist. Mit der Heranziehung der Uebung und des Ortsgebrauchs wird aber eidgenössisches Recht angewendet. Auch wenn sich die Uebung oder der Ortsgebrauch zu partikulärem Gewohnheitsrecht verdichtet hätte, würde daran nichts geändert. Dieses Recht hätte lediglich die Funktion der Ausfüllung eines Begriffes oder der Ergänzung einer Norm des eidgenössischen Rechtes (161).

2. Gewohnheitsrecht in Gebieten des nicht kodifizierten Rechts

a) Gewohnheitsrecht im öffentlichen Recht

Der Begriff des Gewohnheitsrechts ist im öffentlichen Recht derselbe wie im Privatrecht. Eine langjährige und gleichmässige Uebung muss von der opinio necessitatis begleitet sein. Diese Meinung wird in der Literatur übereinstimmend vertreten (162). Die gleichen Autoren anerkennen - mit einer Ausnahme - ebenfalls, dass öffentlich-rechtliche Normen sich auf Grund einer Uebung mit entsprechender opinio necessitatis bilden können (163). GIACOMETTI dagegen belegt das öffentliche Gewohnheitsrecht mit der rechtsstaatlichen Exkommunikation, kann aber seinerseits nicht leugnen, dass eine geübte Regel auch im öffentlichen Recht normative Kraft erlangen kann (164). Im Staatsrecht sind solche Normen für ihn unhaltbar, weil nach dem Grundsatz der Gewaltentrennung das "staatliche Rechtssetzungsmonopol" des Verfassungsgesetzgebers und des einfachen Gesetzgebers kein ursprüngliches Gewohnheitsrecht duldet (165). Das würde aber eine lückenlose Gesetzgebung im öffentlichen Recht voraussetzen, eine Illusion, die der Privatrechtler schon längst abgelegt hat (166). Im Verwaltungsrecht verstösst das Gewohn-

161) Liver, Komm. zu Art. 5 N 109; Gmür, Anwendung 86/7.

162) Simonius 25; Hans Huber, ZBJV 91bis 99 ; derselbe, ZBJV 94 469; Giacometti, Allgemeine Lehren 169; derselbe, in Festgabe Fleiner 390; Höhn 43 ff.; Forsthoff 134; Peters 80; Herrnritt 95; Turegg-Kraus 61; Landmann-Giers-Proksch 141; Wolff 95; Bender 79; Antoniolli 78.

163) so auch Ruck, Staatsrecht 243; derselbe, Verwaltungsrecht 27.

164) Z. B. die gewohnheitsrechtliche Regelung des schweizerischen Bürgerrechts vor seiner gesetzlichen Festlegung: Giacometti, Allgemeine Lehren 173, 177 Anm. 148; vgl. auch Burckhardt, Organisation 233: Das Gewohnheitsrecht ist "dem Historiker, der den Tatsachen nachgeht, ein Schmaus, aber ein Greuel dem Dogmatiker, der mit dem Recht, Gewohnheitsrecht zu bilden, in seinem System nichts anfangen kann... Wir leugnen also nicht, dass Gewohnheitsrecht vorkomme, keineswegs; aber wir leugnen, dass dieses Inventarstück in einer Rechtsordnung, welche die Gesetzgebung kennt, unterzubringen sei".

165) Giacometti, Allgemeine Lehren 170.

166) Vgl. Hans Huber, ZBJV 91bis 99.

heitsrecht nach der Auffassung GIACOMETTIS gegen den Grundsatz der Gesetzmässigkeit der Verwaltung (167). Vereinbar mit den rechtsstaatlichen Prinzipien betrachtet er höchstens ein Dienstrecht, das die Beziehungen zwischen oberen und unteren Verwaltungsorganen regelt (168).

Oeffentliches Gewohnheitsrecht bildet sich fast ausschliesslich im Bereich des Verhaltensrechts, dem in dieser Beziehung auch die grundrechtlichen Bestimmungen der Verfassung beizuordnen sind (169). Organisatorisches Recht auf Verfassungsebene hingegen wird aus zwei Gründen sehr selten aus einer Uebung hervorgehen. Es beruht vorwiegend auf Zweckmässigkeitserwägungen. Die Ueberzeugung der Zweckmässigkeit kann aber nicht der opinio iuris gleichgestellt sein; ausserdem haben die Rechtsgenossen oft keinen Einblick in die Gewohnheiten der Behörden (170).

Während die Gewohnheit einzig auf dem Verhalten der Beteiligten, d.h. der Behörden und Rechtsgenossen beruht, also derjenigen, die tatsächlich in den Fall kommen, die Uebung mitzumachen, muss die begleitende Rechtsüberzeugung allgemein vertreten sein (171). Die Rechtsgenossen, welche in die Lage versetzt werden können, die geübte Regel zu befolgen, müssen von der normativen Kraft der betreffenden Regel überzeugt sein (172). Diese allgemeine opinio necessitatis, deren Träger die Normadressaten sind, kann als bestehend angenommen werden, wenn die Uebung der Oeffentlichkeit bekannt und auf keine Ablehnung gestossen ist (172). Ausserdem ist zu beachten, dass jede öffentlich-rechtliche Norm eine verhältnismässig grosse Zahl von Rechtsgenossen erfasst und viel stärker auf die Gemeinschaft ausgerichtet ist als das Privatrecht, das vorwiegend der Ordnung von Beziehungen zwischen Einzelpersonen dient.

Ueber die Anerkennung von öffentlichem Gewohnheitsrecht contra legem dagegen besteht keine Einigkeit. Auf der Verfassungsstufe wird sie von HANS HUBER ausdrücklich und ohne Vorbehalt ausgesprochen (173). Im Verwaltungsrecht stehen FORSTHOFF (174) und PETERS (175) ohne Einschränkung auf dem gleichen Standpunkt. Einigen Autoren erscheint öffentliches Ge-

167) Giacometti, Allgemeine Lehren 173.

168) a.a.O. 175.

169) Hans Huber a.a.O., Anm. 2.

170) a.a.O.

171) so ausdrücklich: Forsthoff, Herrnritt, Landmann-Giers-Proksch, Wolff, Bender, alle a.a.O.; Giacometti, Allgemeine Lehren 172.

172) Höhn 51/52.

173) ZBJV 91bis 98: "Nur ein rationalistischer Glaube an die Allmacht, Geschlossenheit und Vollkommenheit von Kodifikationen, der heute überwunden ist, konnte das bestreiten"; a.a.O. 100.

174) Forsthoff 135.

175) Peters 80.

wohnheitsrecht nicht von vornherein als schlechthin unmöglich (176), wenn auch als schwer vorstellbar (177). Andere wiederum wollen das Verwaltungsgewohnheitsrecht contra legem nur gelten lassen, wenn es Rechtssetzungsmängel heilt (178), oder wenn seine Bildung auf einem Irrtum beruht (179). HOEHN spricht dem nicht gesetzten Recht jede derogierende Kraft ab. Dies sei weder mit dem Vorrang der formellen Gesetzgebung noch mit dem Legalitätsprinzip vereinbar (180). FLEINER lehnt das dem gesetzten Recht widersprechende Gewohnheitsrecht ab, weil es dem Grundsatz der gesetzmässigen Verwaltung widerlaufe (181). Dieser Grundsatz beansprucht aber wohl keine absolute Geltung. ROOS (182) setzt ihn in Parallele zur strafrechtlichen Maxime: "Keine Strafe ohne Gesetz", die dem Richter eine ausdehnende Auslegung selbst zum Nachteil des Angeschuldigten gestattet, ihm aber verbietet, zur Analogie und zur freien Rechtsfindung zu greifen, sobald dies zuungunsten des Angeschuldigten geschieht (183). Wenn wir mit diesen Ueberlegungen an unsere Frage herantreten, kommen wir zu folgendem Ergebnis: Gewohnheitsrecht, das keine Eingriffe in Freiheit und Eigentum oder sonstige Belastungen des Bürgers mit sich bringt, kann ohne weiteres seinen Platz im Verwaltungsrecht beanspruchen. Wenn es aber z. B. steuerrechtliche Verpflichtungen begründen würde, so ist es abzulehnen (184).

Der Gerichtsgebrauch ist im öffentlichen Recht so wenig eine formelle Rechtsquelle wie im Privatrecht (185). Hingegen kann die Uebung der Verwaltungsgerichte zur Entstehung von usuellem (öffentlichem) Gewohnheitsrecht führen, wenn die geübte Regel von der allgemeinen Rechtsüberzeugung getragen ist (186). Auch die richterliche Rechtsfindung kann sich auf dem Gebiet des öffentlichen Rechts entfalten.

b) Im Völkerrecht

Auch im Völkerrecht ist das Gewohnheitsrecht gleich zu definieren wie in den innerstaatlichen Rechtsgebieten. Eine langdauernde und gleichmässige

176) Simonius 27; Ruck, Staatsrecht 244.

177) Landmann-Giers-Proksch 57.

178) Wolff 96.

179) Turegg-Kraus 62 Anm. 1.

180) Höhn 39.

181) Institutionen 85/86.

182) ZBJV 91bis 117 ff.

183) a. a. O. 132.

184) Blumenstein, System 13; Giacometti, Allgemeine Lehren 174 Anm. 142; Roos a. a. O. 129.

185) Vgl. zum Gerichtsgebrauch im öffentlichen Recht: Fleiner 87 Anm. 73; Giacometti, Allgemeine Lehren 177.

186) Forsthoff 134; Landmann-Giers-Proksch 57; Bender 79; Wolff 97.

Uebung muss von der Rechtspflichtüberzeugung begleitet sein (187). Träger der Uebung sind in erster Linie die souveränen Staaten; dem Gewohnheitsrecht im Völkerrecht liegt also vor allem eine "Staatenpraxis" zugrunde (188). An der Bildung sind aber auch gewisse internationale Organisationen beteiligt (189). In einem Fall ist die Uebung der Ausdruck eines allgemeinen Rechtsbewusstseins, im andern hat sich die opinio necessitatis als Folge eines immer wieder festgestellten gleichen Verhaltens allmählich gebildet (190). Ausserdem können internationale Verträge über die Dauer hinaus, auf welche sie abgeschlossen wurden, zur Bildung von Gewohnheitsrecht führen (191).

Für die Gültigkeit eines Gewohnheitsrechtssatzes wird die allgemeine - nicht die einstimmige - Anerkennung durch die zivilisierten Staaten gefordert. Das abweichende Verhalten einzelner Staaten steht demnach der Annahme eines Gewohnheitsrechts nicht im Wege (192). Umgekehrt vermag die Praxis einzelner Staaten, seien diese auch Grossmächte und ihre Uebung dauernd, noch kein Gewohnheitsrecht zu begründen (193). Völkergewohnheitsrecht bindet auch diejenigen Staaten, die an seiner Bildung nicht beteiligt sein konnten, so z.B. die Neustaaten oder das vom Meer abgeschlossene Land, das Hochseeschiffahrt zu treiben beginnt (194).

Universales oder gemeines Gewohnheitsrecht umfasst den räumlichen Geltungsbereich des gesamten Völkerrechts und bindet alle am Völkerrechtsverkehr teilnehmenden Staaten; partikuläres Gewohnheitsrecht hingegen gilt nur in einer bestimmten, geographisch, historisch, ideologisch oder politisch abgegrenzten Gruppe von Staaten (195).

Das Völkergewohnheitsrecht hat als Rechtsquelle neben den allgemeinen Rechtsgrundsätzen und dem Vertragsrecht eine grosse Bedeutung (196), wenn auch heute nicht mehr in dem Masse wie in früheren Zeiten. Internationale vertragliche Regelungen sind es vielfach, die neue Rechtssätze aufstellen und bisweilen älteres Gewohnheitsrecht verdrängen. Hauptgebiete des Völkerge-

187) Verdross 85; Dahm I 29, 32; v. Liszt 16;Cavaré I 174; Delbez 22; Heydte I 67; Berber I 43; de Visscher 182 ff.; Wackernagel, Beiträge 362; a.M. Guggenheim 46, der die opinio necessitatis als überflüssig erklärt.

188) Dahm I 44; Verdross 85; Delbez 22.

189) Guggenheim 47; Berber I 44.

190) Heydte a.a.O.

191) Berber I 56; Dahm II 582, III 84; Heydte I 243.

192) Guggenheim 47; Dahm I 31.

193) Dahm I 30.

194) Guggenheim a.a.O.; Dahm I 31; Delbez 22.

195) Guggenheim 48; Verdross 86; Dahm I 32; Heydte 18, 68; Berber I 52.

196) Berber I 41; Cavaré I 173.

wohnheitsrechts sind bis in die Gegenwart hinein das internationale Nachbarrecht (197) und das Kriegsrecht (198) geblieben. So beruht die Stellung des Parlamentärs (199), der dazu bestimmt ist, während den Kampfhandlungen den Kontakt zwischen den Militärbefehlshabern herzustellen, auf uraltem Gewohnheitsrecht; das Prisenrecht im Seekrieg (200) hat ebenfalls seine gewohnheitsrechtliche Grundlage. Der Status des Neutralen im Kriege ergab sich zunächst aus internationaler Gewohnheit und Rechtsüberzeugung; seit der Mitte des 19. Jhs. ist er in weitem Umfange Gegenstand vertraglicher Regelung geworden (201).

Das Gewohnheitsrecht kann bestehende vertragliche Bestimmungen entkräften. In diesem Sinne spricht man auch im Völkerrecht von derogierendem Gewohnheitsrecht (202). Ueberhaupt setzt sich neuentstandenes Recht durch, unabhängig davon, ob es vertraglicher oder gewohnheitsrechtlicher Natur ist (203). In der Praxis hat aber oft die vertragliche Regelung gegenüber dem Gewohnheitsrecht den Vorteil, dass ihre formelle Geltung und ihr Inhalt mit grösserer Sicherheit feststellbar sind. Aus diesem Grunde wendet der Internationale Gerichtshof in der Regel Vertragsrecht an, auch wenn eine widersprechende Norm des Gewohnheitsrechts vorliegt (204).

Bei der Feststellung des Völkergewohnheitsrechts kommt der Wissenschaft eine überragende Bedeutung zu, weil die Tätigkeit der internationalen Gerichte - im Gegensatz zu den innerstaatlichen - viel zu sporadisch ist, um diese Feststellungsarbeit leisten zu können (205).

Die Gerichte werden beim Vorliegen einer gleichmässigen und langdauernden Uebung, der sich die Staaten protestlos unterworfen haben, vermuten dürfen, dass die consuetudo von der Rechtspflichtüberzeugung begleitet ist (206).

Vom Gewohnheitsrecht ist die Völkersitte (Courtoisie)zu unterscheiden, die nicht aus der Ueberzeugung rechtlicher Verpflichtung, sondern aus freiem Willen und aus Gründen der Zweckmässigkeit geübt wird (207). Ihre

197) Berber II 96.

198) Berber II 73; Heydte II 217.

199) Berber II 80/81; Heydte II 225 ff.

200) Berber II 192.

201) Heydte II 274.

202) Verdross 86.

203) Guggenheim 51; v. Liszt 18; Dahm I 16; Heydte I 68.

204) Kopelmanas Lazare, L'organisation des Nations Unies, Paris 1947, S. 191, Anm. 1.

205) Berber I 61; vgl. insbesondere Wackernagel, Beiträge 360 ff.

206) Dahm I 32.

207) Verdross 84; Dahm I 32 ff.; v. Liszt 16; Berber I 43.

Missachtung kann einen unfreundlichen Akt darstellen, bedeutet aber keine Verletzung des Rechts, die eine völkerrechtliche Deliktshaftung oder Repressalien nach sich ziehen würde (208).

II. Das Verhältnis zum Gesetz im besonderen

1. Gewohnheitsrecht intra legem

Zahlreiche gesetzliche Vorschriften erweisen sich bei ihrer Anwendung nicht als eindeutig und lassen an sich verschiedene Auslegungen zu. Das Rechtsleben und die Gerichtspraxis entscheiden sich in einem solchen Fall für eine bestimmte Auslegung, die sich oft zu einem Gewohnheitsrecht verstärkt (209). Dieses erläuternde (210) oder auslegende (211) Gewohnheitsrecht intra legem löst eine streitige Auslegungsfrage. Es erleichtert die Anwendung der ursprünglich unklaren Norm (212) und wirkt "zugunsten der Rechtssicherheit im Sinne der Rechtsbestimmtheit" (213).

Intra legem bildet sich vor allem usuelles Gewohnheitsrecht. Der Richter legt das Gesetz in einem bestimmten Sinne aus und bestätigt diese Auslegung in weiteren Urteilen. Seine Auffassung hält der Ueberprüfung durch die höhere Instanz stand und findet unter Umständen die Zustimmung anderer Gerichte, was zur Entstehung eines Gerichtsgebrauches beiträgt. Es bedarf dann noch der opinio necessitatis der Rechtsgenossen, damit der Sinn einer gesetzlichen Vorschrift festgelegt und erläuterndes usuelles Gewohnheitsrecht entstanden ist (214).

Auch eine klare und eindeutige Gesetzesvorschrift kann gewohnheitsrechtliche Zustimmung erlangen, wenn sie sich gut einlebt und von der Mehrheit der Rechtsgenossen aus voller Rechtsüberzeugung heraus befolgt wird (215). Das sollte der Wunsch jedes Gesetzgebers sein. In diesem Fall hat das Gewohnheitsrecht eine konfirmatorische, verstärkende Wirkung (216). GENY vergleicht die Funktion des verstärkenden Gewohnheitsrechts mit der Rolle der Ersitzung bei der Entstehung und Wahrung subjektiver Rechte (217).

208) Dahm I 34.

209) Liver 52; Gmür, Anwendung 92; Gény I 416.

210) Reichel, Einleitungsartikel (48).

211) Gmür a. a. O.

212) Gény I 349.

213) Rümelin 64.

214) Vgl. Gény I 391; Pache 166.

215) Pache 166.

216) Reichel, Einleitungsartikel (48).

217) Gény I 346.

2. Gewohnheitsrecht praeter legem

Nach Art. 1 ZGB soll der Richter nur dann auf Grund von Gewohnheitsrecht entscheiden, wenn dem Gesetz keine Vorschrift entnommen werden kann. Damit ist also einzig das ergänzende Gewohnheitsrecht gemeint, dessen Aufgabe sein soll, in die Lücken des Gesetzes zu treten (218). Liegt ein gewohnheitsrechtlicher Satz praeter legem vor, so schliesst er die richterliche Rechtsfindung aus. Das ist auch die wichtigste Erscheinung des Gewohnheitsrechts im engeren und eigentlichen Sinne (219). Der Richter hat von Gesetzes wegen die gewohnheitsrechtliche Norm anzuwenden. Diese Art von Gewohnheitsrecht ist inbezug auf sein Verhältnis zum gesetzten Recht mit keinen Zweifeln und Fragen behaftet. Der Gesetzgeber selbst hat sich zu ihm bekannt. Schon mit dem nächsten Schritt jedoch geht diese Sicherheit verloren.

Voraussetzung für die Anwendung des Gewohnheitsrechts praeter legem ist das Bestehen einer Lücke im Gesetz. Mit dem Stichwort "Lücke" aber tritt uns ein dornenvolles Problem der Rechtswissenschaft entgegen (220). Es kann an dieser Stelle nur berührt werden. In der schweizerischen Literatur hat es die stärkste Aufmerksamkeit gefunden und ist vielfach auch eingehend erörtert worden. Unterschieden werden echte und unechte, eigentliche und uneigentliche, offene und verdeckte Lücken, ferner nur-formelle, nur-materielle und sowohl formelle wie materielle Lücken.

Im Rahmen dieser Arbeit sei lediglich folgendes festgehalten: Lücken des Gesetzes sind "Versehen und Irrtümer des Gesetzgebers" (221). Das Gesetz gibt keine oder nur eine unzutreffende Antwort (222). Diese Mängel bestehen in Widersprüchen oder in einer unvollständigen Ableitung (echte Lücken) oder in einer unrichtigen Ableitung von spezielleren aus allgemeineren Normen (unechte Lücken) (223). Hingegen ist eine negative Antwort, ein sog. qualifiziertes Schweigen des Gesetzes, keine Lücke.

3. Gewohnheitsrecht contra legem

Die Rechtsquellenlehre stellt das Gesetz und das Gewohnheitsrecht auf die gleiche Stufe. In den Fällen des Gewohnheitsrechts intra und praeter legem erheben sich keine Bedenken. Sobald aber die Gewohnheit einer Gesetzesbestimmung widerspricht, ergibt sich ein Konflikt, den der Richter

218) Liver 52; Gmür, Anwendung 92, 128; Pfenninger 46; Pache 259; Reichel, Einleitungsartikel 48; die Bedeutung des ergänzenden Gewohnheitsrechts für jedes Gesetz unterstreicht Gény I 349.

219) Liver a.a.O.

220) Vgl. Meier-Hayoz, Komm. zu Art. 1, S. 147 ff.; Hans Merz, Auslegung, Lückenfüllung und Normberichtigung, Archiv für die civilistische Praxis, Bd. 163 (1964) 305 ff.

221) Liver 35, 36 Anm. 1.

222) Egger, Komm. zu Art. 1 ZGB N 20 S. 52/53.

223) Liver a.a.O.

notgedrungen zugunsten der einen oder andern Norm entscheiden muss. Liegt eine Rechtspflichtüberzeugung der Normadressaten vor, die sich einerseits gegen das Gesetz richtet und sich anderseits durch die Uebung zu einer Rechtsregel konkretisiert hat, ist der Richter verpflichtet, das Gewohnheitsrecht contra legem anzuwenden. Die "allgemeine Missbilligung des Gesetzes" (224) hat zur Bildung von derogierendem Gewohnheitsrecht geführt (225).

Die sog. dispositiven Bestimmungen des Gesetzes sind zwar nur anzuwenden, wenn im Einzelfall die Parteien nichts anderes vereinbart haben. Man könnte daraus den Schluss ziehen, ein ihnen derogierendes Gewohnheitsrecht sei ohne weiteres zuzulassen. Es bestehe gar kein Konflikt zwischen Gesetz und Gewohnheit (226), überhaupt kein Gewohnheitsrecht contra sondern bloss praeter legem (227). Eine Parteivereinbarung verhindert aber bloss, dass die dispositive Norm im Einzelfall angewendet werde. Das derogierende Gewohnheitsrecht hingegen rührt an die Existenz der Norm selbst (228). Es beseitigt auch die subsidiäre Geltung der dispositiven Gesetzesbestimmung und damit ihre Gültigkeit überhaupt. Sie kann in Zukunft, auch im Falle, da die Parteien nichts verabredet haben, nicht auf die opinio necessitatis der Beteiligten zählen; sie hat ihre spezifische Rolle des dispositiven Rechtes eingebüsst. Das Gewohnheitsrecht, welches einer dispositiven Norm widerspricht, stellt den Richter vor das gleiche Problem, wie wenn es einer zwingenden Vorschrift widersprechen würde.

Die Anerkennung des Gewohnheitsrechts contra legem bedeutet das Eingeständnis, dass der gesetzliche Erlass von Anfang an Fehler aufwies oder dass einzelne Bestimmungen mit der rechtlichen und sozialen Entwicklung nicht Schritt gehalten haben. Wenn das Gesetz Schwächen hat, so kann die Entstehung einer derogierenden gewohnheitsrechtlichen Norm ein erwünschtes Ergebnis sein (229). GENY lässt zwar ausdrücklich Gewohnheitsrecht contra legem nur zu "au profit des coutumes commerciales" (230). Er stellt aber fest, dass Voraussetzung und Grundlage einer gesetzlichen Bestimmung dahinfallen können; ist eine Norm nicht mehr mit den veränderten Verhältnissen vereinbar und erscheint sie als veraltet, so ist sie nicht

224) Simonius 72.

225) Vgl. Liver 50/51; Reichel, Gesetz 133, 142; Gmür, Anwendung 95/96; Rümelin 42, 52.

226) Pache 179 ff.

227) Eugen Huber, Rechtsverwirklichung 252.

228) Puchta II 209.

229) Liver 51. Folgende Autoren anerkennen ebenfalls Gewohnheitsrecht contra legem, wenn auch nicht alle im gleichen Umfang: Egger, Komm. zu Art. 1 ZGB N 32 S. 57; Gmür, Komm. zu Art. 1 ZGB S. 34; Simonius 21; Reichel, Einleitungsartikel (48); derselbe, Gesetz 152; Pache 217; Rümelin 27; Mokre 192; Huber-Mutzner 175; Heinrich Dernburg, System des Römischen Rechts, Bd. I, (1911) 46; Jung 234; Germann, Verhältnis 488 Anm. 16: derselbe, Probleme 149.

230) Gény I 413.

mehr anwendbar und hat einer ergänzenden Uebung (coutume supplétive) Platz gemacht (231). Damit wäre ein Gewohnheitsrecht contra legem nicht ausgeschlossen, aber GENY lässt es nur im Mantel des "praeter legem" auftreten. Eine konsequente Durchführung des Grundsatzes der Gleichwertigkeit der Rechtsquellen schien ihm offenbar (noch) nicht gerechtfertigt.

Der Konflikt zwischen dem gesetzten und dem Gewohnheitsrecht contra legem ist insofern eine Machtfrage (232), als es auf die Stärke der Geltungsfaktoren Uebung und opinio necessitatis ankommt. Diese kann nur durch empirische Feststellung von Tatsachen bestimmt werden. Die Rechtswissenschaft aber hat diese Tatsachen auch zu werten. Ihre Verurteilung einer Uebung kann verhindern, dass aus ihr Gewohnheitsrecht contra legem entsteht und dadurch einzelne Steine der kodifizierten Ordnung herausgebrochen werden.

231) Gény I 410.

232) Gény I 408 Anm. I; Reichel, Gesetz 133; Pache (216) hingegen weigert sich, die Derogierung eines Gesetzes durch Gewohnheitsrecht auf eine Machtfrage zu reduzieren und vertritt die Auffassung, dass dem Recht die Entscheidung zukomme.

B E S O N D E R E R T E I L

E r s t e r A b s c h n i t t

Die Entscheidungen des Bundesgerichts

Vorbemerkung

Die folgende Sammlung kam so zustande, dass sämtliche Urteile des Bundesgerichts vom 7. Mai 1875 bis 31. Dezember 1966 durchgesehen wurden, die der strafrechtlichen Abteilung ausgenommen. Zusammengestellt wurden in erster Linie die Entscheidungen, die sich zur Hauptsache oder in Nebenpunkten ausdrücklich mit Gewohnheitsrecht befassen. Dazu gehören auch 7 unveröffentlichte Entscheidungen. Ergänzungsweise wurden einige Urteile aufgenommen, in denen nicht ausdrücklich von Gewohnheitsrecht die Rede ist. Es handelt sich um die Entscheidungen zu Art. 873 aOR, über die Vorzugsaktien, das Stimmrecht der Studenten sowie über die bürgerrechtliche Stellung der Schweizerin.

Aus den einzelnen Urteilen sind nur diejenigen Stellen zusammengefasst oder in Anführungszeichen wörtlich wiedergegeben, die das Gewohnheitsrecht und seine Bedeutung betreffen. Jeder Entscheid ist mit einem Kennwort versehen.

Der erste Abschnitt des besonderen Teils dieser Arbeit enthält die Darstellung der Praxis ohne Stellungnahme des Verfassers. Besprechung und Kritik sind dem zweiten Abschnitt vorbehalten.

*

4,52 (Staatsrechtl. Abteilung; 25. Januar 1878) Strafrecht

Aus den Erwägungen (S. 53):

"Da Appenzell I./Rh. zur Zeit noch kein Strafgesetzbuch besitzt, sondern daselbst nach Gewohnheitsrecht geurteilt wird", so ist allerdings nicht ganz sicher, ob nur die "wissentlich gemachte falsche Aussage" oder schon "das einfache Vorbringen einer unerwarteten Tatsache" als falsches Zeugnis gilt.

*

7,292 (Staatsrechtliche Abteilung; 7. Mai 1881) Rezeption

Zum Tatbestand:

Der schwyzerische Kantonsrat empfahl mit Beschluss vom 22. März 1848 "sämtlichen Strafbehörden" des Kantons, bis zum Erlass eigener Gesetze das Strafgesetzbuch des Kantons Luzern beizuziehen. Die Gerichte folgten dieser

Aufforderung und wendeten insbesondere die Bestimmungen des luzernischen Polizeistrafgesetzbuches über den Begriff und die Verfolgung der Amtsehrverletzung stets an. Zum Beweis dieser Praxis legt der Kantonsrat in seiner Vernehmlassung an das Bundesgericht Auszüge aus 35 verschiedenen Urteilen schwyzerischer Gerichte aus den Jahren 1851 bis 1879 zu den Akten.

Auf Grund dieser Gerichtspraxis wurde der Verfasser eines Artikels im "Echo vom Rigi", der eine ehrverletzende Aeusserung gegen die Kantonsregierung enthielt, vom Bezirksgericht von Schwyz wegen Amtsehrverletzung verurteilt. Gegen den bestätigenden Entscheid der zweiten Instanz führte der Verurteilte staatsrechtliche Beschwerde, mit der Begründung, die gegen ihn eingeleitete strafrechtliche Verfolgung verstosse gegen den Grundsatz nullum crimen sine lege und sei ausserdem verfassungswidrig, weil das luzernische Polizeistrafgesetzbuch vom Kantonsrate in Umgehung der Volksabstimmung als Gesetz für den Kanton Schwyz eingeführt worden sei.

Aus den Erwägungen:

Der Grundsatz nullum crimen sine lege ist in der Verfassung des Kantons Schwyz nirgends ausdrücklich festgehalten. Er kann auch nicht in dem Sinne aus andern Verfassungsbestimmungen abgeleitet werden, dass eine strafrechtliche Verfolgung und Verurteilung nur wegen Handlungen statthaft sei, die ein im ordentlichen Verfahren erlassenes Gesetz mit Strafe bedroht. Ueberhaupt kann der angerufene Grundsatz im Kanton Schwyz unmöglich im erwähnten Sinne gelten. Denn dieser Kanton besitzt bis zur Stunde kein Polizeistrafgesetzbuch, während doch als selbstverständlich erscheint, dass auch im Kanton Schwyz Polizeivergehen nicht straflos sein können.

Der Kantonsrat hat das luzernische Polizeistrafgesetzbuch keineswegs zum verbindlichen Gesetz für den Kanton Schwyz erklärt, sondern lediglich den Gerichten empfohlen, "sich in ihrer, nicht auf Gesetzes-, sondern auf Gewohnheitsrecht gegründeten, Rechtsprechung an die Gesetzgebung des Kantons Luzern anzulehnen, so dass letztere, insoweit sie im Kanton Schwyz Geltung erlangt hat, dort keineswegs kraft einer gesetzlichen Anordnung des Kantonsrates, sondern infolge gewohnheitsrechtlicher Rezeption durch die Gerichtspraxis gilt" (S. 299). Die Empfehlung vom 22. März 1848 bildet demnach offenbar keinen Eingriff in das Gesetzgebungsrecht des Volkes. "Angesichts der zahlreichen im gleichen Sinne ergangenen Urteile der schwyzerischen Gerichte" kann sich der Rekurrent keineswegs darüber beschweren, "dass ihm gegenüber eine ausnahmsweise, willkürliche und ungleiche Handhabung des Rechtes Platz gegriffen habe". (Die Beschwerde wird abgewiesen.)

*

8,477 (22. Juli 1882. Staatsrechtliche Abteilung) Strafrecht

Aus den Erwägungen (S. 482):

Nach dem Strafrecht des Kantons Appenzell Innerrhoden, "welches bekanntlich in der Hauptsache nicht auf geschriebenem Rechte, sondern auf Gewohnheitsrecht, resp. einer, anscheinend mehr oder weniger schwankenden, Gerichtspraxis beruht", ist auch die bloss fahrlässig begangene falsche Anschuldigung strafbar.

*

9,577 (Zivilrechtliche Abteilung; 12. Oktober 1883) Fideikommiss

Zum Tatbestand:

August von Gibelin, der letzte seines Geschlechts, war Eigentümer von zwei Häusern in der Stadt Solothurn, die laut Testament vom 10. Juli 1700 als Fideikommissgut "zu Gunsten des Aeltesten vom Gibelinschen Geschlecht" bezeichnet sind. Als er 1881 verstarb, beanspruchte der Kanton Solothurn die Häuser "als mit Aufhören des Fideikommisses dem Staate heimgefallen" zu Eigentum.

In seiner Klage gegen die Erben T. macht der Kanton Solothurn vor Bundesgericht geltend, es sei bis jetzt "allgemeine und unbestrittene Rechtsanschauung gewesen, dass Fideikommissgüter nach dem Aussterben des Geschlechts, durch und für welche sie gestiftet worden seien, an den Staat fallen". Zum Beweis seiner Behauptung ruft der Kanton drei Zeugen an und erklärt ausserdem, bei der Inventuraufnahme habe man bisher Fideikommissgüter nie als Bestandteile des Nachlasses des verstorbenen Fideikommissinhabers behandelt, sondern den jeweiligen Fideikommissinhaber stets nur als "Nutzniesser" betrachtet. Diese Rechtsanschauung habe auch in einem Gesetzesvorschlag über Aufhebung der Fideikommisse ihren Ausdruck gefunden, der am 9. März 1867 mit Rücksicht auf die damals bestandene Aussicht, dass ein Fideikommiss nach dem Absterben des damaligen Inhabers an den Staat fallen werde, vom Kantonsrat abgelehnt worden sei.

Demgegenüber wenden die beklagten Erben ein, die Regierung habe in den Jahren 1805, 1811 und 1866 wiederholt die Bewilligung zur Aufhebung von Fideikommissen bzw. zur Umwandlung der Fideikommissgüter in freies Eigentum der Fideikommissinhaber und Anwärter erteilt.

Die Einvernahme durch den Instruktionsrichter der vom Kanton angerufenen Zeugen, Bundesrat Hammer, Staatsschreiber Amiet und alt Amtsschreiber Wynistörfer hat im wesentlichen folgendes ergeben: "Die Zeugen sprechen sich übereinstimmend dahin aus, dass allerdings ihre persönliche Anschauung stets dahin gegangen sei, Fideikommissgüter fielen nach Aussterben der Familie, für welche das Fideikommiss gestiftet worden sei, an den Staat, dass sie diese Ansicht auch von andern Juristen und Nichtjuristen gesprächsweise haben äussern hören und dieselbe als eine unbestrittene betrachtet haben. Präzedenzfälle, in welchen dieselbe wirklich angewendet worden wäre, seien ihnen indes nicht bekannt. Der Zeuge Staatsschreiber Amiet fügt bei, dass man sich für die gedachte Ansicht auf eine bestimmte Rechtsquelle nicht bezogen habe... Derselbe bestätigt auch, dass August von Gibelin, der ihn mehrfach gebeten habe, ihm die verlorene Stiftungsurkunde des Gibelinschen Fideikommisses durch Nachforschungen im Staatsarchiv suchen zu helfen, dem Zeugen gegenüber die Ansicht ausgesprochen habe, das Fideikommiss werde nach seinem (von Gibelin) Tode an den Staat fallen."

Aus den Erwägungen:

Entscheidend ist die Frage, ob im Kanton Solothurn ein Rechtssatz besteht, wonach Fideikommissgüter nach Aussterben der berechtigten Familie an den Staat fallen sollen. Aus dem Wesen und Zweck des Familienfideikommisses ergibt sich jedenfalls keine solche Regel. Vielmehr ist die Folgerung naheliegend, dass der letzte Fideikommissinhaber das Fideikommissvermögen zu vollem Recht erwerbe, und dass die Fideikommissgüter, wie sein übriges Vermögen, auf seine gesetzlichen oder testamentarischen Erben übergehen. Diese Auffassung ist denn auch in Gesetzgebung, Doktrin und Praxis durchaus anerkannt. Ein Anspruch des Staates kann sich nur aus dem Errichtungsakt selbst ergeben.

Eine gesetzliche Bestimmung, die den Rückfall der Fideikommissgüter nach dem Aussterben der begünstigten Familie an den Staat anordnen würde, besteht im Kanton Solothurn nicht. "Ebensowenig ein Gewohnheitsrecht. Denn der vom Kläger in dieser Richtung unternommene Beweis ist vollständig misslungen. Zur Begründung eines Gewohnheitsrechts genügt selbstverständlich nicht, dass einzelne, wenn auch viele einzelne, Personen über eine Rechtsfrage sich eine subjektive Meinung in bestimmtem Sinne gebildet und dieselbe theoretisch ausgesprochen haben. Etwas anderes aber hat der klägerische Fiskus nicht bewiesen; eine wirkliche Rechtsübung, durch welche der von ihm behauptete Rechtssatz praktisch angewendet worden wäre, hat er weder bewiesen, noch auch nur bestimmt behauptet. Vielmehr ergibt sich aus den Akten, den von den Behörden wiederholt erteilten Bewilligungen zur Aufhebung von Fideikommissen, dem Gesetzesentwurf über deren Aufhebung und den Verhandlungen über denselben unzweideutig, dass in Wirklichkeit bisher der solothurnische Fiskus auf Familienfideikommisse ausgestorbener Familien niemals andere Ansprüche geltend gemacht oder gar durchgesetzt hat als diejenigen, welche ihm nach dem Errichtungsakte selbst zustanden."

*

14,468 (Zivilrechtliche Abteilung; 13. September 1888) Börsenusanzen

Aus den Erwägungen (S. 475/6):

Die in Frage stehende Bestimmung der Basler Börsenusanzen ist "kein Gewohnheitsrechtssatz, überhaupt keine objektive Rechtsnorm. Weder waren die Organe, welche sie festgestellt haben (Handels- und Industrieverein und Handelskammer), zur Aufstellung von Rechtssätzen staatsrechtlich befugt, noch liegt ein Anhaltspunkt dafür vor, dass diese Usanz jemals zum Gewohnheitsrecht geworden, d.h. als objektive, ohne Rücksicht auf die ausdrückliche oder stillschweigende Anerkennung der Parteien bei Vertragsschluss massgebende, Rechtsnorm tatsächlich angewendet worden sei".

Im übrigen schafft das eidgen. OR "für die gesamte Schweiz absolutes gemeines Recht", das früheres kantonales Gesetzes- und Gewohnheitsrecht aufgehoben hat - soweit nicht besondere Ausnahmen vorbehalten sind - und "auch in Zukunft weder durch kantonale Gesetze noch durch Gewohnheiten derogiert werden kann".

*

19,97 (Staatsrechtliche Abteilung; 7. April 1893) Strafrecht

Aus den Erwägungen (S. 103):

"Der Grundsatz nulla poena sine lege ist in der urnerischen Verfassung nirgends ausgesprochen und konnte naturgemäss in dieser Verfassung keinen Platz finden, denn bekanntermassen besitzt der Kanton Uri kein kodifiziertes Strafrecht, sondern beruht das urnerische Strafrecht grösstenteils nicht auf geschriebenem, sondern auf ungeschriebenem Rechte (Gewohnheitsrecht)..."

*

22,942 (Staatsrechtliche Klage; 21. Oktober 1896) dedere aut punire

Zum Tatbestand:

Der Kanton Bern widersetzte sich der Weisung des Bundesrates, den Kantonsbürger Gerber wegen eines Diebstahls, begangen in der Nacht vom 22./ 23. April 1895 im Ober-Elsass, dem Strafgericht zu überweisen. Die deutsche Regierung hatte nämlich die Zusicherung verweigert, dass der Täter nach erfolgter Aburteilung und Bestrafung im Kanton Bern von den deutschen Gerichten wegen desselben Deliktes nicht mehr zur Verantwortung gezogen werde. Der Bundesrat beharrte jedoch auf seinem Standpunkt und erhob beim Bundesgericht gegen den Kanton Bern staatsrechtliche Klage.

Aus den Erwägungen (S. 955/8):

Der Auslieferungsvertrag mit Deutschland enthält für die Schweiz keine Verpflichtung, die Strafverfolgung des Gerber bedingungslos zu übernehmen. Die Weisung des Bundesrates an den Kanton Bern könnte sich deshalb einzig auf einen "allgemein anerkannten völkerrechtlichen Grundsatz" stützen, nach welchem der "Inländer", wenn er nicht ausgeliefert wird, in seiner Heimat wegen der im Ausland begangenen strafbaren Handlung zu verfolgen ist. "Liesse sich nachweisen, dass allgemein die in engern Kultur- und Rechtsbeziehungen zu einander stehenden Staaten einen solchen Satz anerkannten und danach verführen, so könnte sich auch die Schweiz der daraus fliessenden Verpflichtung nicht entziehen..."

Der Grundsatz, "es sei der Verbrecher, ohne Rücksicht darauf, wo er delinquiert und wohin er sich nach der Tat begeben hat, zu bestrafen", entspricht wohl dem Gedanken der Gerechtigkeit. "Allein diesem Satz kann doch nicht die Bedeutung einer für jeden Einzelfall anwendbaren Norm des internationalen Rechts zuerkannt werden, sondern lediglich der Charakter eines Postulates an die nationalen Gesetzgeber... Das dedere aut punire ist nicht eine Regel des positiven, auf Gewohnheit beruhenden Völkerrechts, sondern eine Formel für den Gedanken, dass in abstracto dafür gesorgt werden solle, dass territoriale Schranken es nicht sollen verhindern dürfen, dem Verbrechen Gerechtigkeit widerfahren zu lassen. Das 'Wie' muss dem positiven, internationalen oder nationalen Rechte überlassen werden, und es widerspricht jenem allgemeinen Satze nicht, wenn in einem oder in bestimmten Kategorien von konkreten Fällen das Ziel nach der Gestaltung des positiven Rechtes nicht erreicht wird..."

Bestünde wirklich im internationalen Recht ein gewohnheitsrechtlicher Satz des Inhaltes "dedere aut punire", so würde doch gewiss eine entsprechende Bestimmung in den Auslieferungsverträgen, die die Schweiz abgeschlossen hat, nirgends fehlen. Dies ist aber nicht der Fall. Der eidg. Gesetzgeber verletzte keinen völkerrechtlichen Grundsatz, als er im Auslieferungsgesetz "die Verpflichtung zur Bestrafung des Angeschuldigten von dem Verzicht auf die Ausübung eigener Strafgerichtsbarkeit von Seiten des ersuchenden Staates abhängig machte".

Die Weisung des Bundesrates entbehrt demnach der rechtlichen Grundlage.

*

23,769 (Zivilabteilung; 15. Mai 1897) Handelsgewohnheiten

Aus den Erwägungen:

Das Bundesgericht bekräftigt seinen früher eingenommenen Standpunkt (14,475): Neben dem OR kann "ein Handelsgewohnheitsrecht oder überhaupt ein Gewohnheitsrecht mit derogatorischer Wirkung auf das geschriebene Recht nicht bestehen; andernfalls würde der Zweck des ORs, Rechtseinheit in den von ihm geregelten Materien zu schaffen, gänzlich vereitelt; Handelsgewohnheiten und -gebräuche können nur bei Auslegung des Parteiwillens Berücksichtigung finden".

*

6. Februar 1901 (MBVR 1, 470 ff.) Bemessungsperiode

Zum Tatbestand:

§ 13 des bernischen Gesetzes über die Einkommenssteuer vom 18. März 1865 schreibt vor, dass das Einkommen von Industrie, Handel, Gewerbe, der freien Berufe und von Aktien etc. nach dem Ergebnis der drei letzten Jahre und, wenn dies nicht stattfinden könne, nach demjenigen des letzten Jahres anzugeben bzw. abzuschätzen sei.

Nach den Vollziehungsverordnungen vom 2. August 1866 und vom 22. März 1878 müssen sich die Einschätzungen auf die Gewinn- und Verlustrechnung des letztabgelaufenen Jahres stützen.

Bereits auf Grund der Verordnung aus dem Jahre 1866 entwickelte der Regierungsrat eine entsprechende gesetzwidrige Praxis. So wurde die AG Hotels Thunerhof und Bellevue in Thun mit Entscheid des Regierungsrates vom 4. August 1900 pro 1899 für ein bestimmtes "Einkommen" steuerpflichtig erklärt, obschon laut Gesetz das Ergebnis der drei Betriebsjahre 1896, 1897 und 1898 als Bemessungsgrundlage hätte beigezogen werden sollen. Die Steuerpflichtige verlangte die Anwendungen von § 13 des Steuergesetzes.

Aus den Erwägungen:

Der Regierungsrat konnte die gesetzwidrige Verordnung vom 22. März 1878 "gemäss der langjährigen Praxis in guten Treuen anwenden". Die Verordnung ist nicht einmal verfassungswidrig, wenn folgendes in Betracht gezogen wird: "Es handelt sich beim Steuergesetz in erster Linie um die Ordnung von Rechtsverhältnissen der Staatsverwaltung, also um Verwaltungsrecht, und bei diesem ist die Grenze von Gesetz und gesetzergänzender Verordnung flüssiger als beim Civilrecht oder beim Strafrecht; es kann daher beim Verwaltungsrecht auch leicht auf Grund einer Verordnung ein dem Gesetz derogierendes Gewohnheitsrecht geschaffen werden.

Und das scheint nun in der Tat hier geschehen zu sein, wenn man erwägt, dass die vom Regierungsrate befolgte Praxis während mehr als 30 Jahren besteht. Es muss sodann aber auch insbesondere betont werden, dass diese von der Praxis geschaffene Abweichung vom Gesetz nicht ohne innern Grund und daher von diesem Gesichtspunkte aus nicht willkürlich ist". (1)

*

35 I 439 (5. Mai 1909) Notwegrecht

Zum Tatbestand:

Das Kantonsgericht von Nidwalden hat, "gestützt auf Gewohnheitsrecht",

1) vgl. den Entscheid des bern. Regierungsrates vom 19. Sept. 1903 i.S. Berneralpenmilchgesellschaft Stalden (MBVR 1,452 Nr. 206), welcher im Sinne der vom Bundesgericht gebilligten Praxis gefällt wurde.

zugunsten der Hotelliegenschaft "Ober-Trogen" ein entgeltliches Notwegrecht bewilligt.

Aus den Erwägungen:

Art. 13 der KV bestimmt: "Die Unverletzlichkeit des Eigentums und der Rechtsame ist gewährleistet". Damit ist "das Eigentum in dem durch Gesetzgebung und Gewohnheitsrecht bestimmten Umfang unter den Schutz des Verfassungsrechtes gestellt".

"Hinsichtlich des Bestandes eines bestimmten Gewohnheitsrechtes ist aber ein strikter Beweis zu fordern. Der Beweis kann geleistet werden durch die Literatur, durch Rechtsprechung und durch Konstatierung der mit dem Rechte vertrauten Behörden. Ein Nachweis durch Literatur ist nun im konkreten Falle nicht versucht worden; es wäre dies auch kaum möglich gewesen, da nach der deutsch-rechtlichen Rechtsentwicklung (2) Notwegrechte in der Regel nur für landwirtschaftliche Bedürfnisse begründet werden können."

Das Kantonsgericht hat in einem Urteil vom 11. November 1897 festgestellt, dass im Kanton Nidwalden entgeltliche Notwegrechte nicht nur für ländliche Bedürfnisse bestellt werden können. Würde dieses Urteil und die beiden vom Beschwerdeführer angeführten Entscheide aus den Jahren 1896 und 1903 "als Rechtsquelle auch kaum eine ausreichende Grundlage für einen allgemein verbindlichen Rechtssatz bilden, so bilden sie in Verbindung mit dem angefochtenen Urteil doch eine genügende Erkenntnisquelle für das in Frage stehende Gewohnheitsrecht derart, dass es nun der Rekurrentin obgelegen hätte, einen Beweis für die Nichtexistenz eines solchen Gewohnheitsrechts zu erbringen. Für einen solchen Gegenbeweis liegen aber gar keine Anhaltspunkte vor".

*

36 I 49 (16. März 1910) Interkantonale Rechtshilfe

Aus den Erwägungen:

Schon das Konkordat vom 7. Juni 1810 über die gegenseitige Stellung der Fehlbaren in Polizeifällen (3) hält fest, dass die Rechtshilfepflicht in Strafsachen aus "alt-eidgenössischer Uebung" hervorgegangen ist. Die Pflicht zur Rechtshilfe bei Informativhandlungen und Rogatorien ist gestützt auf das Gesetz vom 2. Februar 1872 im Urteil des Bundesgerichts vom 19. Februar 1886 ausdrücklich als zu Recht bestehend anerkannt worden (12, 49 E. 2). Die Doktrin vertritt unter Berufung auf dieses Urteil die gleiche Auffassung (4). Ausserdem ist "aus der grossen Seltenheit solcher Anstände" zu

2) Zitate: Gierke, Deutsches Privatrecht, Bd. 2, 436 ff. Eugen Huber, Schweiz. Privatrecht, Bd. 3, 310 ff.

3) Aeltere offizielle Sammlung, Bd. I, 1815-1819, 306.

4) Zitate: Burckhardt, Kommentar der BV, 674; Blumer-Morel, Bundesstaatsrecht, 3. Aufl., Bd. 1, 317.

schliessen, dass "gewiss die Grosszahl der kantonalen Strafuntersuchungs-Behörden sich auf eine entsprechende Praxis eingerichtet haben" (S. 53).

Eine Ausnahme von der Rechtshilfepflicht besteht auch dann nicht, wenn die strafrechtlich verfolgte Handlung im ersuchten Kanton nicht strafbar ist.

*

36 I 215 (8. Juni 1910) Bürgerrecht

Aus den Erwägungen (E. 4, S. 223/4):

Auf Grund des Konkordates vom 8. Juli 1908 bildete sich "gewohnheitsrechtlich der Satz, dass die Frau durch die Heirat in der Regel ihr bisheriges Bürgerrecht verliert; und zwar gilt dieser Satz sowohl für den Fall der Heirat einer Schweizerin mit einem Schweizer, als für denjenigen der Heirat einer Schweizerin mit einem Ausländer".

*

38 II 175 (8. Juni 1912) Art. 873 aOR

Aus den Erwägungen (S. 179):

Art. 873 OR ist eine Vorschrift, die "der öffentlichen Ordnung dient und die allgemeinen Interessen des Geschäftsverkehrs schützen soll". Die Handelsregisterbehörden haben von Amtes wegen für ihre Beobachtung zu sorgen. "Hieraus folgt aber nicht, dass der Art. 873 als solcher zugleich den Privatpersonen...die Befugnis einräume, auf dem Wege des Zivilprozesses gegen eine Aktiengesellschaft vorzugehen, deren Firma den Namen einer bestimmten Person enthält." Ein Privater kann nur auf Grund von Art. 876, Abs. 2 gegen eine Aktiengesellschaft klagen, wenn er geltend macht, er werde durch diese Aktiengesellschaft beeinträchtigt.

"Demzufolge fällt die vom Kläger aufgeworfene Frage hier ausser Betracht, ob sich die Praxis der Registerbehörden gesetzlich rechtfertige, wonach... unter gewissen Voraussetzungen Namen lebender Personen in Firmen von Aktiengesellschaften zugelassen worden sind."

*

39 I 35 (24. Januar 1913) Landrat

Zum Tatbestand:

Die Verfassung des Kantons Uri aus dem Jahre 1888 erteilt dem Landrat in Art. 59, lit. n nachfolgende Kompetenz:
"Die Beurteilung der gesetzlich zulässigen Rekurse und Kassationsbegehren gegen Entscheide der ihm unmittelbar untergeordneten, vollziehenden und richterlichen Behörden." Für diese "Kassations- oder andere gesetzlich zulässige Begehren gegen obergerichtliche Urteile" setzt das Reglement für den Landrat vom 17. Juni 1889 in Art. 10, Abs. 3 eine Frist an. Und in Ausführung der verfassungsmässigen Kompetenznorm bestimmt die Zivilprozessordnung in § 66, Abs. 2, dass Beschwerden gegen Entscheide des Oberge-

richts an den Landrat zu richten sind. Auf dem Gebiet des Strafprozesses fehlt dagegen eine entsprechende gesetzliche Regelung. Das Strafverfahren ist im Kanton Uri zur Zeit des Urteils lediglich in einer Verordnung mit dem Titel "Besondere Grundsätze über das Strafrechtsverfahren" geregelt, die der Landrat als Anhang zu seinem Reglement für die Justizbehörden des Kantons am 12. März 1886 erlassen hat.

Der Landrat hat aber aus Art. 10 seines Reglementes vom 17. Juni 1889 "je und je" seine Kompetenz zur Behandlung von Kassationsbegehren in Strafakten abgeleitet. Auf Anfrage des Instruktionsrichters belegt er diese Praxis mit fünf Entscheidungen aus den Jahren 1890 bis 1899 in Form von Auszügen aus dem Landratsprotokoll.

Aus den Erwägungen:

Es stellt sich die Frage, ob der Landrat auf Grund des Art. 59, lit. n KV trotz Fehlens eines entsprechenden Gesetzeserlasses zur Behandlung von Kassationsbegehren in Strafsachen zuständig ist. Angesichts der Mangelhaftigkeit der urnerischen Strafjustizgesetzgebung "ist aus dem Ausdruck 'gesetzlich zulässige' Rekurse und Kassationsbegehren in Art. 59 lit. n KV wohl nicht auf das Erfordernis einer geschriebenen Gesetzesnorm, im Gegensatz zum blossen Gewohnheitsrecht, zu schliessen, sondern es muss danach auch eine durch die Praxis eingeführte Betätigung der verfassungsmässig vorbehaltenen Funktionen als genügende Kompetenzgrundlage angesehen werden".

Das Bestehen einer solchen Praxis ist aber anhand der vorgelegten Entscheidungen erwiesen. In drei Fällen hat der Landrat die Funktion einer Kassationsinstanz gegenüber obergerichtlichen Strafurteilen ausgeübt und im Falle aus dem Jahre 1899 seine Urteilskompetenz ausdrücklich aus Art. 59, lit. n KV abgeleitet. (Die beiden andern Entscheidungen fallen ausser Betracht). Für die Begründetheit dieser Praxis spricht ausserdem, dass nach Art. 59, lit. f KV der Landrat selbst auch zum formellen Erlass einer Strafprozessordnung kompetent ist.

Der Grundsatz nulla poena sine lege besteht im Kanton Uri nicht, da die KV keine besondere Bestimmung enthält, dass "niemand für eine Handlung bestraft werden dürfe, die nicht durch eine positive Rechtssatzung mit Strafe bedroht sei. Eine solche Bestimmung wäre denn auch nicht vereinbar mit der Tatsache, dass das urnerische Strafrecht in der Hauptsache gar nicht kodifiziert ist, sondern auf ungeschriebenem Gewohnheitsrecht beruht (5)."

*

5) Zitat: hierüber schon 19, E. 2, 103.

40 I 176 (30. April 1914) Medizinalgesetz

Aus den Erwägungen (S. 182):

"Ein in Form eines Gesetzes ausgesprochener Rechtssatz kann nur durch ein ihm widersprechendes späteres Gesetz oder allenfalls durch ein seither entstandenes abweichendes Gewohnheitsrecht aufgehoben werden. Die blosse Tatsache, dass die Verhältnisse, welche seine Aufstellung veranlassten, sich geändert haben, nimmt ihm seine Gültigkeit noch nicht". (Hier betrifft es § 19 des bern. Medizinalgesetzes).

*

40 I 231 (22. Mai 1914) Strafprozess

Zum Tatbestand:

Die Gerichtspraxis hat im Kanton Aargau in "Presseinjurienstreitsachen" ein besonderes Verfahren eingeführt. Ein sog. Vorverfahren, das sich gegen den Redaktor, Verleger oder Drucker richtet, soll feststellen, ob das beanstandete Presseerzeugnis objektiv ehrverletzend ist; bejaht der Richter diese Frage, soll er den allenfalls zuerst unbekannten Verfasser zu ermitteln suchen. Im anschliessenden Hauptverfahren wird entschieden, ob die im Vorverfahren als verantwortlich erklärte Person sich strafbar gemacht habe.

Aus den Erwägungen:

Das streitige Verfahren bedeutet weder einen Verstoss gegen die verfassungsmässig gewährleistete Pressefreiheit noch gegen den Grundsatz der Rechtsgleichheit. Das Verfahren in Presseinjurienstreitsachen "beruht allerdings nicht auf positiver Gesetzesgrundlage, sondern lediglich auf der durch das Obergericht eingeführten, bereits vierzigjährigen Praxis (6). Allein seiner Anwendung steht, wie der Rekurrent selbst zugeben muss, auch keine positive Rechtsnorm entgegen; insbesondere fehlt jeder Anhaltspunkt dafür, dass die gewohnheitsrechtliche Ordnung eines Prozessverfahrens durch die Gerichtspraxis, speziell auf dem Gebiete des Strafprozesses, nach aargauischem Verfassungs- oder Gesetzesrecht nicht statthaft wäre."

*

40 III 403 (29. Oktober 1914) Steigerung

Zum Tatbestand:

Nach Art. 135 SchKG werden fällige grundversicherte Schulden dem Erwerber nicht überbunden, sondern vorweg aus dem Erlös bezahlt.

Aus den Erwägungen (S. 413):

Der Standpunkt, es sei im Kanton Nidwalden 'anerkanntes' Gewohnheits-

6) Zitat: Gottfried Keller, Die neue Zivilprozessordnung für den Kanton Aargau, 2. Aufl., 432 ff.

recht , die in bar zu bezahlenden, verfallenen und laufenden Zinsen nicht auf den Kaufpreis anzurechnen, ist nicht haltbar.

"In dieser, durch das eidgenössische Recht geregelten Materie bleibt für ein entgegenstehendes 'kantonales Gewohnheitsrecht' und eine darauf zu gründende Interpretationsregel kein Raum."

*

7 avril 1916 dans la cause Rojoux — Réparation
(Section de droit public)

Aus den Erwägungen (E. 3, S. 7/8):

Nach der Rechtsprechung des Bundesgerichts ist der Staat, auf jeden Fall im Bundesrecht, nur schadenersatzpflichtig, wenn sich eine entsprechende Norm ausdrücklich aus dem Gesetz ergibt (7). Aber selbst wenn man annehmen wollte, dass eine solche Schadenersatzpflicht auf Grund der Rechtsprechung oder des Gewohnheitsrechts (coutume) bestehen könne (8), so hätten die Kläger darlegen sollen, dass dies vorliegend auch tatsächlich der Fall ist; das haben sie aber unterlassen.

*

43 II 553 (6. Dezember 1917) — Internationales Privatrecht

Aus den Erwägungen (S. 555/6):

Die Wahrung der öffentlichen Ordnung und Sittlichkeit (ordre public) kann in gewissen Fällen die Anwendung einer Norm des ausländischen Rechts auch dann ausschliessen, wenn "nach schweizerischem gewohnheitsrechtlichem internationalem Privatrecht" an sich das ausländische Recht anzuwenden wäre.

*

45 I 54 (9) — Bergregal
(Auszug aus dem Urteil vom 9. Mai 1919. Die folgenden Ausführungen beruhen auf der Einsicht in die vollständigen Urteilserwägungen)

Zum Tatbestand:

Der Regierungsrat des Kantons St. Gallen erteilte am 20. Dezember 1918 dem Rekursbeklagten K. eine Konzession zur Ausbeutung von Schieferkohlen, die sich teilweise auf dem Boden unter der Liegenschaft des Rekurrenten Riklin erstreckt. In seiner Botschaft vom 1. März 1918 zum Entwurf eines Bergbaugesetzes leitete er das Bergregal und die Befugnis zur Erteilung einer Konzession aus dem Gewohnheitsrecht ab. In der Vernehmlassung an das Bundesgericht argumentiert der st. gallische Regierungsrat folgender-

7) Zitate: 4,471 E. 4; 31 II 554; 36 II 314.

8) Zitat: Fleiner, Institutionen, 3. Aufl., 287 ff.; Erich Vogt, Eingriffe des Staates, 68.

9) vgl. zu diesem Urteil: Liver, Komm. zu Art. 5 ZGB, N 39 ff.

massen: "Wenn auch das neue Bergbaugesetz, das dem Staate das Bergregal zuerkenne, noch nicht in Kraft stehe, so habe das ausschliessliche Recht des Staates zur Aufsuchung und Ausbeutung von Kohlen doch schon auf Grund von Gewohnheitsrecht bestanden und sei übrigens auch in einem helvetischen, nie ausdrücklich aufgehobenen Gesetz vom 13. Februar 1800 anerkannt worden... Die Regierung habe in den letzten Jahren eine Reihe von Kohlenausbeutungskonzessionen erteilt."

Der Rekurrent beruft sich vor Bundesgericht auf die Eigentumsgarantie, ferner auf Art. 655 und 667 ZGB.

Aus den Erwägungen:

Rechtsgrundlage für das kantonale Bergregal kann nicht nur das Gesetz, sondern auch "bestehendes Gewohnheitsrecht" sein, "das grundsätzlich gleich der Gesetzgebung gültige Normen enthalten kann. Demnach hält auch ein gewohnheitsrechtlich begründetes kantonales Bergregal vor den Bestimmungen des ZGB und einer verfassungsmässigen Eigentumsgarantie stand".

Der Rekurrent hat das Bestehen eines Gewohnheitsrechtes nicht bestritten "und in keiner Weise darzutun versucht, dass die in der erwähnten Botschaft enthaltene Beweisführung anfechtbar sei. Das Bundesgericht hat deshalb davon auszugehen, dass das von der Regierung beanspruchte Bergregal kraft Gewohnheitsrechtes bestehe, zumal da es in den letzten Jahren wiederholt ausgeübt wurde, wie sich aus den vorgelegten Konzessionsurkunden ergibt. Ob sich das Regal daneben noch auf Gesetze aus der ersten Hälfte des vergangenen Jahrhunderts stützen lasse, kann bei dieser Sachlage dahingestellt bleiben".

*

45 II 623 (4. Dezember 1919) Art. 873 aOR

Aus den Erwägungen (S. 626):

"Ebensowenig kann der Kläger dagegen etwas einwenden, dass die Firma der Beklagten als einer juristischen Person den Familiennamen Lauterburg enthält; denn wohl widerspricht sie dem Art. 873 OR, doch duldet die Behörde den Gebrauch des Namens einer physischen Person in der Firma einer Aktiengesellschaft..."

*

45 I 386 (5. Dezember 1919) Nichtbeachtung

Aus den Erwägungen:

Liegen lediglich "einzelne Fälle von Nichtbeachtung" des Art. 11, Abs. 1 VAG (BG über die Beaufsichtigung von Privatunternehmungen im Gebiete des Versicherungswesens vom 25. Juni 1885) vor, "so kann von einem dieser

Vorschrift derogierenden Gewohnheitsrecht nicht die Rede sein" (S. 390) (10).

*

46 II 283 (23. Januar 1920) (11) Privatfischenz

Zum Tatbestand:

Das aargauische "Gesetz über Ausübung der Fischerei" vom 15. Mai 1862 bestimmt in § 1:
"Das Recht, in den öffentlichen Gewässern des Kantons zu fischen, soweit es nicht Korporationen oder einzelnen Personen erweislichermassen zusteht, wird vom Staate ausgeübt..." und in § 9, Abs. 3:
"Der Gebrauch der fliegenden Angel in dem Hallwiler See, dem Rhein, der Aare, der Reuss und der Limmat ist auch dem Nichtpächter gestattet."
Diese Vorschrift wurde in alle Vollziehungsverordnungen des Regierungsrates zum eidg. Fischereigesetz (12) von 1889, 1905 und 1913 aufgenommen.

Meier war Inhaber eines privaten Fischereirechtes, das ihn nach seiner Auffassung zur ausschliesslichen Nutzung einer bestimmten Reusstrecke berechtigte. Nachdem er in seinem Flussabschnitt einen Freiangler angetroffen hatte, versuchte er im Jahre 1911 ein amtliches Verbot des Angelfischens für sein Fischereigebiet zu erwirken. Das Obergericht lehnte aber sein Begehren ab, mit der Begründung, das Fischen mit der fliegenden Angel sei im Sinne von § 9, Abs. 3 des kantonalen Fischereigesetzes von 1862 in allen öffentlichen Gewässern ohne Rücksicht auf die Privatfischenzen jedem Kantonsbürger (gemäss § 15 der Vollziehungsverordnung vom 18. August 1905 zum eidg. Fischereigesetz) gestattet.

Im Jahre 1918 klagte Meier beim Bundesgericht gegen den Kanton Aargau u.a. auf Feststellung, an der betreffenden Strecke der Reuss habe er ein ausschliessliches Recht zum Fischfang. Der Kanton Aargau vertrat die Auffassung, die privaten Fischereirechte seien nicht ausschliesslicher Natur, sondern durch ein "Mitnutzungsrecht aller Volksgenossen" als eine Form des Gemeingebrauchs eingeschränkt.

Aus den Erwägungen:

Die dem Kläger zustehende Fischereigerechtigkeit ist aus grundherrschaftlichen Verhältnissen hervorgegangen und als solche ausschliesslicher Natur. Deshalb ist der Gemeingebrauch im Gebiet dieses Fischereirechtes aufge-

10) vgl. 50 II 406, E. 1: Das Verbot des Ueberfahrens von Geleisen mit privaten Fuhrwerken im Gebiete eines Bahnhofes fällt nicht dahin, wenn es einige Male ungerügt übertreten wurde.

11) Vgl. zu diesem Urteil: Fleiner, Das Freianglerrecht im Aargau, 42 ff., 52 ff.

12) BG betr. die Fischerei vom 21. Dezember 1888.

hoben (13). Das kantonale Gesetz vom 15. Mai 1862 hat den ausschliesslichen Charakter des klägerischen Rechtes nicht angetastet und die bestehenden privaten Fischereirechte an öffentlichen Gewässern ausdrücklich vorbehalten (§ 1, Abs. 1). Daran ändert § 9, Abs. 3 des Gesetzes nichts. "Er enthält entgegen der Auffassung der Klagebeantwortung keine allgemeine, für die darin erwähnten Flüsse als Ganzes geltende Regel, sondern kann nach seiner Fassung und Stellung im Gesetze nur diejenigen Strecken derselben im Auge haben, welche dem Fischereiregal des Staates, der Verpachtung durch ihn unterliegen". Dass der Regierungsrat und der Grosse Rat in § 9, Abs. 3 des kantonalen Gesetzes von 1862, als diese Bestimmung in die Vollziehungsverordnungen zum eidg. Fischereigesetz von 1889, 1905 und 1915 aufgenommen worden war, eine allgemeine, auch die privaten Fischereirechte an den aargauischen Flüssen einschränkende Regel erblickten, vermag für sich allein an dem Rechtszustande, wie er sich aus dem Gesetze von 1862 in Wirklichkeit ergibt, nichts zu ändern, da er nur durch ein neues Gesetz und nicht durch solche einfache Vollziehungsmassnahmen aufgehoben werden könnte.

Die unrichtige Auslegung des Gesetzes wäre höchstens dann zum Rechtssatz geworden, wenn sich daraus im Laufe der Zeit ein eigentliches (derogierendes) Gewohnheitsrecht entwickelt hätte. Es ist aber "sehr zweifelhaft .. , ob wirklich von einer allgemeinen Rechtsüberzeugung (opinio necessitatis, juris) im Sinne der Verpflichtung auch der Inhaber aller Privatfischenzen zur Duldung der Freianglerei gesprochen werden könnte" - und zwar aus folgenden Gründen:

a) Eingabe des Fischereivereins an den Grossen Rat von 1890. Der aargauische Fischereiverein als Vertreter der staatlichen Fischenzpächter und Inhaber privater Fischereirechte stellte das Begehren, der Grosse Rat solle "interpretationsweise" erklären, dass § 6 der kantonalen Verordnung vom 11. November 1889 (14) und die damit zusammenhängenden Bestimmungen sich nur auf das Gebiet der Staatsfischenzen beziehen, und dass "die Fischereirechte der Privaten und Korporationen dagegen dadurch nicht berührt würden".

b) Bericht des kantonalen Fischereiaufsehers an die Staatsanwaltschaft von 1910.
Meier hatte gegen den in seinem Flussabschnitt fischenden Freiangler zuerst Strafanzeige erstattet. Das Verfahren wurde jedoch eingestellt, nachdem der kantonale Fischereiaufseher in seinem Bericht an die Staatsanwaltschaft die Auffassung vertreten hatte, es müsse in einem Zivilpro-

13) Zitate: Gierke, Deutsches Privatrecht II, 403; RG in Zivilsachen II, 214; Seuffert, Archiv 28, 632 am Schlusse, 23 NF 441.

14) Vollziehungsverordnung zum BG betr. die Fischerei vom 21. Dez. 1888; § 6 dieser Verordnung übernahm die Bestimmung des § 9, Abs. 3 des aargauischen Gesetzes vom 15. Mai 1862.

zess festgestellt werden, ob die privaten Fischereirechte ausschliesslicher Natur seien. Nach seiner Ansicht sei diese Frage offen.

c) Die Schritte, die der Kläger 1910 und 1911 zur Wahrung seiner ausschliesslichen Fischereibefugnis unternahm.
Dazu gehören die Strafanzeige Meiers gegen den Freiangel-Fischer und das Gesuch um die Bewilligung eines amtlichen Verbotes des Angelfischens in seinem Flussabschnitt.

Auf jeden Fall liegt keine "langjährige allgemeine Ausübung" der Freianglerei in den privaten Fischenzgebieten vor, am wenigsten in der hier in Betracht fallenden Gegend, "da die Angelfischerei in der oberen Reuss erst in den letzten Jahren einen irgendwie erheblichen Umfang angenommen hat". Ferner ist auch "ein objektives Recht schaffender fester Gerichtsgebrauch" nicht nachgewiesen. Von den beiden Urteilen, auf die sich der Regierungsrat beruft, hat dasjenige von 1889 mit der Frage überhaupt nichts zu tun. Das andere aus dem Jahre 1911, mit welchem das Obergericht ein amtliches Verbot für das Fischereigebiet des Klägers Meier verweigerte, "ist für sich allein natürlich noch nicht geeignet, eine gesicherte allgemeine Praxis der aargauischen Gerichte darzutun". Es kann auch deshalb nicht irgendwie präjudizielle Bedeutung haben, weil es sich damals lediglich um den Schutz des Besitzstandes handelte, während im vorliegenden Fall das Recht selbst in Frage steht.

Schliesslich beruht die Befugnis zur Freianglerei in den Privatfischenzen nicht auf Ersitzung oder Unvordenklichkeit.

Das ausschliessliche private Fischereirecht des Klägers könnte nur durch ein neues Gesetz eingeschränkt werden.

*

46 I 95 (23. April 1920) Sanitätsgesetz

Zum Tatbestand:

Nach § 25 des basellandschaftlichen Gesetzes über das Sanitätswesen vom 20. Februar 1865 "darf sich niemand mit Ausübung irgend eines Zweiges der Heilkunde befassen, ohne hiefür patentiert (15) zu sein".

Gestützt auf diese Bestimmung erteilte der Regierungsrat des Kantons Baselland am 22. Juli 1919 einem deutschen Arzt "mit Rücksicht auf die vorliegenden ausserordentlichen Verhältnisse" (Aerztemangel) die Bewilligung zur Ausübung der ärztlichen Praxis. Gegen diesen Entscheid ergriff der basellandschaftliche Aerzteverein die staatsrechtliche Beschwerde an das Bundesgericht: Durch Gewohnheitsrecht, in einer mehr als 40-jährigen feststehenden Praxis, habe § 25 des Sanitätsgesetzes seit Inkrafttreten des BG

15) Als Patent wird im Gesetz die polizeiliche Bewilligung zur Berufsausübung bezeichnet.

betreffend die Freizügigkeit des Medizinalpersonals in der schweiz. Eidgenossenschaft vom 19. Dezember 1877 den Sinn erhalten, dass nur Inhabern des eidg. Aerztediploms die Ausübung des ärztlichen Berufes bewilligt werden dürfe.

Aus den Erwägungen:

Das Sanitätsgesetz vom Jahre 1865 schliesst eine Patentierung ohne ein vom kantonalen Sanitätsrat nach einer Prüfung ausgestelltes Fähigkeitszeugnis nicht vollständig aus, sondern lässt sie in Ausnahmefällen zu. Das Gesetz gibt also dem Regierungsrat die Befugnis, ausnahmsweise ein ärztliches Patent zu gewähren, obwohl die ordentliche gesetzliche Voraussetzung nicht vorhanden ist. Hieraus kann ohne Willkür geschlossen werden, dass der Regierungsrat befugt sei, unter besonderen Umständen auch den Aerzten die Berufsausübungsbewilligung zu erteilen, die nicht Inhaber des eidg. Diploms sind. Diese Befugnis des Regierungsrates wird durch die vom Rekurrenten erwähnte Praxis nicht ausgeschlossen.

"Diese mag einen Fingerzeig für die Auslegung des Sanitätsgesetzes geben; wenn ihr aber eine schlechthin massgebende Bedeutung, gleich einem Gewohnheitsrecht, nicht beigemessen wird, so lässt sich hierhin keine Willkür erblicken. Eine Praxis kann sich ändern und hat nicht dieselbe Autorität wie das geschriebene Recht." (S. 103)

Uebrigens lässt sich die umstrittene Praxis auch so auslegen, dass sie nur die Regel bestätige und Ausnahmen nicht ausschliesse.

*

47 II 64 (1. Februar 1921) Art. 873 aOR

Aus den Erwägungen (S. 68):

Art. 873 OR bestimmt zwar, dass die Firmen der Aktiengesellschaften keinen Namen einer bestimmten lebenden Person enthalten dürfen. "Angesichts der Auslegung und Handhabung dieser Vorschriften in der Praxis" ist es trotzdem zulässig, den Namen einer lebenden Person in die Firma einer Aktiengesellschaft aufzunehmen.

*

47 II 71 (4 febbraio 1921) Risarcimento

Aus den Erwägungen:

Der Staat ist nur dann schadenersatzpflichtig, wenn sich eine entsprechende Norm aus dem Gesetz oder auch (wie einige Autoren annehmen, denen das Bundesgericht in gewissen Fällen zugestimmt hat) aus der Rechtsprechung als Quelle des Gewohnheitsrechts ergibt ("dalla giurisprudenza considerata come fonte di diritto consuetudinario") (16) (S. 76).

*

50 I 6 (19 gennaio 1924) Concordato

Zum Tatbestand:

Zum Konkordat betreffend die Gewährung gegenseitiger Rechtshilfe zur Vollstreckung öffentlich-rechtlicher Ansprüche vom 23. August 1912 hat der tessinische Regierungsrat den Beitritt erklärt, jedoch ohne den Grossen Rat zu begrüssen, wie es verfassungsrechtlich geboten war. Eine Steuerpflichtige beruft sich auf diesen Mangel, um der in appellatorio vom Kantonsgericht verfügten Vollstreckung einer rechtskräftigen Steuerveranlagung des Kantons Zürich im Tessin zu entgehen.

Aus den Erwägungen:

Die Praxis des Kantonsgerichts im Sinne des Konkordates kann Gewohnheitsrecht darstellen, wenn es sich um eine beständige und seit einiger Zeit dauernde Uebung handelt (pratica "costante" e "di qualche durata"); das Gewohnheitsrecht ist eine Rechtsquelle wie das Gesetz selbst: il diritto consuetudinario "è sorgente di diritto come la legge stessa".

(Die Frage, ob im vorliegenden Fall Gewohnheitsrecht vorliegt, wird offen gelassen. Das Bundesgericht prüft die Gültigkeit der Beitrittserklärung zum Konkordat nicht und weist die Beschwerde ab, weil Art. 80 SchKG den Kantonen nicht verbietet, ausserkantonale Verwaltungsentscheide - neben den privatrechtlichen Urteilen - in ihrem Kantonsgebiet zu vollziehen, und weil der Beitritt der tessinischen Regierung als Gegenrechtserklärung qualifiziert werden kann).

*

51 II 412 (5. Oktober 1925) Prioritätsaktien

Zum Tatbestand:

Das a. OR vom 14. 6. 1881 sieht keine Prioritätsaktien vor. Einzig die bundesrätliche Verordnung betreffend die Gläubigergemeinschaft bei Anleihensobligationen vom 20. Februar 1918 (Gl.Gem. V.O.) ermöglicht auf Grund von Art. 16, Ziff. 10 unter gewissen Kautelen die Umwandlung von Anleihensobligationen in Vorzugsaktien. Zur Zeit des Urteils liegt der Revisionsentwurf I (1919) zum OR vor, der in Art. 715, Abs. 3 eine gesetzliche Regelung des Instituts der Vorzugsaktie enthält.

16) Zitate: Burckhardt, Komm. zur BV, 2. Aufl., S. 798; Erich Vogt, Eingriffe des Staates, S. 67 ff.; BBl 1910 III 537: Botschaft des Bundesrates an die Bundesversammlung betreffend die Ausführung von Art. 32ter BV (Erlass eines BG betreffend das Absinthverbot): Schadloshaltung der durch das Verbot geschädigten Personen; BGE 4,471; 6,162; 36 II 314; Urteil vom 7. April i.S. Rojoux.

Aus den Erwägungen:

Prioritätsaktien verleihen einer bestimmten Kategorie von Aktionären mitgliedschaftliche Sonderrechte, die jedoch nicht wohlerworbene Rechte darstellen. Die Mehrheit der Prioritätsaktionäre kann über den Entzug der Vorzugsrechte beschliessen. Das Institut der Vorzugsaktie hat im Gesetz keine Regelung erfahren, spielt aber "in der heutigen Praxis des Aktienwesens eine grosse Rolle".

"Der Schaffung von Prioritätsaktien steht zweifellos eine zwingende gesetzliche Bestimmung nicht entgegen; das ganze Institut hat sich aber praeter legem entwickelt und durch die Gl. Gem. V. O. vom 20. Februar 1918 insofern eine Art gesetzliche Sanktion erfahren, als Art. 16, Ziff. 10 der Verordnung die Möglichkeit vorsieht, dass die Gläubigergemeinschaft mit qualifizierter Mehrheit die Umwandlung von Anleihensobligationen in Vorzugsaktien beschliessen kann."

*

53 I 276 (8. Juli 1927) Politisches Domizil

Zum Tatbestand:

Nach Art. 43, Abs. 2 BV kann jeder Kantonsbürger bei allen eidg. Wahlen und Abstimmungen das Stimmrecht an seinem Wohnsitz ausüben. Das BG über die zivilrechtlichen Verhältnisse der Niedergelassenen und Aufenthalter enthielt die mit dem heutigen Art. 26 ZGB übereinstimmende Vorschrift, dass der Aufenthalt an einem Orte zum Zwecke des Besuches einer Lehranstalt keinen Wohnsitz begründe. Trotzdem wurde den Studenten nach der Rechtsprechung des Bundesrates unter der Voraussetzung, dass sie die polizeiliche Niederlassungsbewilligung einholten, am Studienorte die Stimmberechtigung zuerkannt. Die Ausübung des Stimmrechts wurde also in diesen Fällen nicht von der Begründung eines zivilrechtlichen Wohnsitzes abhängig gemacht. Vielmehr ist es dem Willen des Studenten überlassen worden, ob er sein politisches Domizil am Studienort oder am Wohnort seiner Eltern begründen wolle. In diesem Sinne hat der Bundesrat in drei Rekursfällen aus den Jahren 1896, 1902 und 1909 (17) entschieden.

Aus den Erwägungen:

"Tatsächlich werden denn auch in den schweizerischen Universitätsstädten, wie als notorisch gelten kann und von den Rekurrenten... nicht bestritten worden ist, die Studenten unter der Voraussetzung des Besitzes der Niederlassungsbewilligung allgemein als stimmberechtigt behandelt.

Es hat sich also in der durch die BV der Auslegung anheimgegebenen besonderen Frage des politischen Wohnsitzes der Studierenden auf Grund der

17) BBl 1896 II 779, 1902 V 461, 1909 VI 469.

Rechtsprechung der damals zuständigen Bundesbehörde selbst seit Jahrzehnten ein fester Rechtszustand herausgebildet."

Das Bundesgericht schliesst sich dieser Praxis an, umsomehr als die getroffene Lösung den besondern Verhältnissen entspricht "und das darin liegende Abgehen von den rein zivilrechtlichen Grundsätzen auch von der Doktrin gebilligt wird (18)".

*

54 I 188 (10. Februar 1928) Konkordate

Aus den Erwägungen:

Konkordate, mit denen sich die Kantone zum Erlass gemeinsamer abstrakter Rechtsregeln, zur übereinstimmenden gesetzgeberischen Ordnung einer Materie verpflichten, unterliegen - im Gegensatz zu rechtsgeschäftlichen Verträgen zwischen den Kantonen - "nach heute feststehendem Gewohnheitsrecht grundsätzlich der freien Kündigung durch einen Beteiligten" (S. 203).

*

56 I 37 (13. März 1930) Militärpflichtersatz

Zum Tatbestand:

Das BG über den Militärpflichtersatz vom 28. Juni 1878 sieht nicht vor, dass bei Dienstnachholung früher bezahlte Ersatzbeträge zurückerstattet werden. Diese Gesetzeslücke wurde ausgefüllt durch eine Verordnung des Bundesrates vom 24. April 1885 über die Rückerstattung bezahlten Militärpflichtersatzes in Fällen von Dienstnachholung (19). Art. 1 und 2 der Verordnung lauten:

Art. 1
Wenn ein Dienstpflichtiger in Erfüllung der Bestimmungen von Art. 82 und 85 Militärorganisation (20) nachträglich einen Wiederholungskurs besteht, für dessen Versäumnis er die Ersatzsteuer bezahlt hat, so ist ihm die Steuer zurückzuerstatten.

Art. 2
Militärs, welche zeitweise von der persönlichen Dienstpflicht befreit waren, haben in Fällen von Dienstnachholung gemäss Art. 82 und 85 Militärorganisation (20) nur Anspruch auf Rückerstattung für dasjenige Jahr, in welchem sie den betreffenden Dienst mit ihrer Altersklasse hätten bestehen sollen.

Auf Grund dieser Verordnung wurden bis zum Jahre 1897 Ersatzbeträge nur an solche Dienstpflichtige zurückerstattet, welche nach bestandener

18) Zitate: vgl. Fleiner, Bundesstaatsrecht, S. 302 Nr. 15; Burckhardt, Kommentar, S. 374.

19) AS 8, 85.

20) Auf Grund der Art. 82 und 85 der Militärorganisation vom 13. November 1874 (AS 1, 257) musste jeweilen eine bedeutende Zahl Dienstpflichtiger der zwei resp. vier ältesten Jahrgänge des Auszugs, die mit Wiederholungskursen im Rückstand waren, zur Dienstnachholung angehalten werden.

Rekrutenschule und seit ihrer Einteilung in die Armee einen Wiederholungskurs versäumt, ihn aber später nachgeholt hatten. Diese Praxis schloss eine gewisse Unbilligkeit gegenüber denjenigen Dienstpflichtigen in sich, die ihre Rekrutenschule verspätet absolvierten. Sie erhielten die vor ihrer Rekrutenschule einbezahlten Ersatzsteuern auch dann nicht zurück, wenn sie die Wiederholungskurse nachholten, die sie nach rechtzeitig bestandener Rekrutenschule hätten absolvieren müssen . Der Bundesrat erliess deshalb am 20. September 1897 an sämtliche Kantonsregierungen ein Kreisschreiben (21) und beschloss in "authentischer Interpretation" der Verordnung vom 24. April 1885:
"Wenn ein Dienstpflichtiger, in Erfüllung der Bestimmungen von Art. 82 und 85 der Militärorganisation, nachträglich einen Wiederholungskurs besteht, so ist ihm diese Steuer zurückzuerstatten, ohne Rücksicht darauf, ob der versäumte Wiederholungskurs vor oder nach der Rekruteninstruktion des betreffenden Dienstpflichtigen stattgefunden hat. Massgebend für die Frage der Berechtigung zur Rückerstattung ist die Tatsache, dass die betreffende Altersklasse zu einem Wiederholungskurs verpflichtet war, der versäumt und nachträglich bestanden worden ist."

Der Bundesrat war der Meinung, die Verordnung sei "nach ihrem Wortlaut sowohl als auch nach ihrem Sinn und Geist" so zu interpretieren. Die Rückerstattung blieb deshalb weiterhin auf Wiederholungskurse beschränkt.

Aus den Erwägungen:

Die Militärsteuer haben nach der Militärorganisation von 1874 zwei Kategorien von Wehrpflichtigen zu entrichten: einerseits die militärdienstpflichtigen Wehrpflichtigen bei Nichtleistung eines obligatorischen Dienstes, anderseits die Wehrpflichtigen, die der Militärdienstpflicht nicht unterstellt sind.

Nach der Verordnung vom 24. April 1885 wurden den Dienstpflichtigen diejenigen Ersatzleistungen zurückerstattet, die für einzelne, nach bestandener Rekrutenschule versäumte Wiederholungskurse erbracht worden waren. Die Rückerstattung blieb also subjektiv auf Dienstpflichtige und objektiv auf Wiederholungskurse beschränkt. Das Kreisschreiben von 1897 aber ordnet die Rückerstattung nun auch im Hinblick auf Wiederholungskurse an, die vor der Rekrutenschule des betreffenden Wehrpflichtigen stattgefunden haben. Von "versäumten" Wiederholungskursen im Sinne der Rückerstattungsverordnung kann dabei nicht gesprochen werden, weil der Wehrpflichtige erst nach Bestehen der Rekrutenschule wiederholungspflichtig wird. Damit werden nicht nur Ersatzleistungen für konkrete, versäumte Kurse zurückerstattet, sondern ebenfalls Ersatzbeträge, die aus dem allgemeinen Rechtsgrund fehlender Militärdienstpflicht geschuldet waren und bezahlt worden sind. Dieser

21) BBl 1897, Bd. 4, 323 ff.

Rückerstattungsgrund war in der Verordnung von 1885 nicht vorgesehen; er wurde vielmehr durch die Verwaltungspraxis eingeführt und durch das Kreisschreiben von 1897 sanktioniert.

"Die Ausdehnung der Rückerstattung auf Leistungen nicht dienstpflichtiger Wehrmänner im Sinne des Kreisschreibens von 1897 lässt sich durch den Ersatzcharakter der Militärsteuer (22) rechtfertigen. Sie hat sich, wie aus dem Kreisschreiben klar hervorgeht, den mit der Durchführung der Steuer betrauten Bundesorganen dadurch aufgedrängt, dass sie dem Rechtsempfinden des Volkes entsprach. Sie ist mit Rücksicht hierauf eingeführt worden und hat sich seither durch ständige Praxis zunächst unter der alten und besonders auch unter der neuen Militärorganisation von 1907 derart eingelebt, dass sie als gewohnheitsrechtlicher Bestandteil des Bundesrechts angesehen werden muss. Gewohnheitsrecht ist sie deshalb, weil sie von den rechtlichen Anschauungen des Volkes getragen und in der Ueberzeugung ihrer Vernünftigkeit und Notwendigkeit in dauernd festgehaltener Rekurs- und Verwaltungspraxis ausgeübt wurde (23)...Ist aber die Ausdehnung der Rückerstattung von Ersatzleistungen auf Zahlungen nichtdienstpflichtiger Wehrpflichtiger Gewohnheitsrecht geworden, so kommt ein Zurückgehen auf die vor 1897 geübte Praxis nicht in Frage."

Die subjektive Eingrenzung, nämlich die Beschränkung der Rückerstattung auf Dienstpflichtige, ist damit aufgegeben worden. Da der Praxis und dem Kreisschreiben der Gedanke zugrunde liegt, dass der Wehrpflichtige, der Militärdienste nachholt, die Ersatzsteuer zurückverlangen kann, die er früher mangels persönlicher Dienstpflicht bezahlt hat (24), ist auch die Beschränkung der Rückerstattung auf Wiederholungskurse - die objektive Eingrenzung - nicht gerechtfertigt. Mit dem vorliegenden Entscheid wird deshalb die Rückerstattung auch bei nachgeholter Rekrutenschule gewährt.

*

58 I 33 (5. Februar 1932) Strafrecht

Aus den Erwägungen:

"...im Wege der Gerichtspraxis und des Gewohnheitsrechts kann indessen ein neuer, im Gesetz nicht enthaltener Straftatbestand nicht wohl aufgestellt werden (abgesehen vom Falle, wo mangels Kodifikation des Strafrechts eines Kantons überhaupt ganz oder teilweise auf Gewohnheitsrecht beruht, BGE 39 I 42 (25); 46 I 206 (26) ..."

*

22) Zitat: Blumenstein, Steuerrecht, 5 Anm. 9.

23) Zitat: Fleiner, Institutionen, 8. Aufl., 86 ff.

24) Art. 107, Abs. 2 der VVO vom 26. Juni 1934 (BS 1, 163) hat diese Praxis kodifiziert. Heute gilt die entsprechende Regelung des Art. 39, Abs. 1 des BG über den Militärpflichtersatz vom 12. Juni 1959 (AS 1959, 2047).

25) Uri.

26) Nidwalden. Das Bundesgericht stellt als Voraussetzung für seinen Entscheid nebenbei fest, dass Nidwalden "kein kodifiziertes Strafrecht" besitze; den Begriff Gewohnheitsrecht verwendet der Gerichtshof aber nicht.

59 II 44 (7 février 1933) Actions privilégiées

Aus den Erwägungen:

Das geltende Obligationenrecht enthält über die Prioritätsaktien keine Bestimmung. Es besteht auch keine zwingende gesetzliche Vorschrift, welche die Ausgabe von Prioritätsaktien untersagen würde. Das Bundesgericht hat die bestehende Gesetzeslücke mit dem Urteil 52 II 412 ausgefüllt. Das Institut der Vorzugsaktie hat sich praeter legem entwickelt und durch die bundesrätliche Verordnung betreffend die Gläubigergemeinschaft bei Anleihensobligationen vom 20. Februar 1918 insofern eine Art gesetzliche Sanktion erfahren, als Art. 16, Ziff. 10 der Verordnung die Umwandlung von Anleihensobligationen in Vorzugsaktien vorsieht.

Die Ausgabe von Prioritätsaktien auf Grund eines Mehrheitsbeschlusses der Generalversammlung ist zulässig, auch wenn die Statuten in dieser Beziehung nichts vorsehen. Anders verhielte es sich nur, wenn die Statuten für die Ausgabe von Prioritätsaktien eine qualifizierte Mehrheit verlangen oder Vorzugsaktien überhaupt verbieten würden.

*

23. Juni 1934 i.S. Mattenberger Gemeindewahl

Zum Tatbestand:

Am 6. Februar 1934 wählte der Gemeinderat von Schönenwerd (SO) einen neuen "Wegmacher" und setzte das Gehalt auf Fr. 5'400 fest. Der unterlegene Gegenkandidat Enders beschwerte sich beim Regierungsrat und beim Bundesgericht, weil nach § 9, Ziff. 2 des solothurnischen Gemeindegesetzes vom 22. Oktober 1871 die betreffende Wahl in die Zuständigkeit der Gemeindeversammlung falle. Die angerufene Bestimmung schreibt vor, dass die Wahl "der Gemeinde-Angestellten, die ein Gehalt von mehr als Fr. 500 beziehen" nicht an den Gemeinderat übertragen werden darf.

Diese Regelung erwies sich mit der Zeit vor allem in grösseren Gemeinden als nicht mehr durchführbar. Im Jahre 1889 erklärte der Regierungsrat, die Wahl von "nicht fest angestellten Funktionären" könne unabhängig von der Höhe des Gehaltes an den Gemeinderat übertragen werden. Mit den Entscheiden aus den Jahren 1908, 1921, 1927 und 1929 führte die regierungsrätliche Praxis zur Regel, dass nur noch "Beamte mit einem grösseren und wichtigeren Aufgabenkreis" von der Gemeindeversammlung zu wählen seien, nicht dagegen "sonstige Angestellte", wie z.B. der Strassenmeister von Schönenwerd.

Auf Grund dieser Praxis wurde der Rekurs von Enders am 20. März 1934 vom Regierungsrat abgewiesen.

Die Gehalts- und Lohnordnung der Einwohnergemeinde Schönenwerd vom

29. März 1929 bestimmt im Sinne der Praxis des Regierungsrates, dass die im Dienste der Gemeinde stehenden Beamten von der Gemeinde und die Gemeindeangestellten vom Gemeinderat gewählt werden.

Aus den Erwägungen:

(E. 2, S. 9 ff). Der Entscheid des Regierungsrates steht "in absolutem Widerspruch" zu § 9, Ziff. 2 des Gemeindegesetzes, auch wenn diese Bestimmung "zu den heutigen Verhältnissen nicht mehr passt". Es ist zu prüfen, ob die zitierte Vorschrift durch Gewohnheitsrecht abgeändert worden ist.

Nach Art. 3 KV gilt eine gewohnheitsrechtliche Regel nur unter der Voraussetzung, dass sie von den verfassungsmässigen Behörden anerkannt ist. Dieses Erfordernis ist im vorliegenden Fall erfüllt, da der Regierungsrat die Uebung nicht nur sanktioniert, sondern mitgeschaffen hat.

(S. 13/14)
"Es steht ausser Zweifel, dass es Gewohnheitsrecht auch im Gebiet des öffentlichen Rechts gibt. Streitig ist freilich, ob Rechtssätze, die in Freiheit oder Eigentum der Einzelnen eingreifen, gewohnheitsmässiger Entstehung fähig sind. In der vorliegenden Sache handelt es sich aber nicht um einen Satz dieser Art, sondern um eine Regel organisatorischer Natur. Wohl aber hätte man es hier zu tun mit Gewohnheitsrecht, das gesetztes Recht abändert. Ob es solches derogatorisches Gewohnheitsrecht gibt, ist wiederum kontrovers (27). Auf dem Boden des Art. 4 BV kann die Streitfrage nicht gelöst werden. Die Zulassung von derogatorischem Gewohnheitsrecht ist jedenfalls nicht willkürlich.

Es steht fest, dass wenigstens in den grössern Gemeinden des Kantons Solothurn schon seit längerer Zeit eine Uebung im Sinne der regierungsrätlichen Praxis besteht. Das trifft auch zu für Schönenwerd, dessen Gehalts- und Lohnordnung vom Jahre 1929 die Wahl der Angestellten, im Gegensatz zu den Beamten, ohne Rücksicht auf die Höhe der Besoldung dem Gemeinderat zuweist. Die regierungsrätliche Praxis besteht seit dem Jahre 1908. Ob die Uebung in Verbindung mit der Praxis als genügend erscheine für die Bildung des fraglichen Gewohnheitsrechts, ist gewiss sehr zweifelhaft. Doch gibt es über die Erfordernisse von Gewohnheitsrecht, speziell über die Intensität und Dauer der Uebung und Praxis, keine festen Regeln; auch ist es sehr wohl denkbar, dass in gewissen Materien Gewohnheitsrecht leichter anerkannt wird als in andern. Bei dieser Sachlage fehlt es auch in diesem Punkte an einer genügenden Handhabe zum Einschreiten aus dem Gesichts-

27) Zitate: dagegen Fleiner, Verwaltungsrecht, 8. Aufl., 85; O. Mayer, Verwaltungsrecht I, 3. Aufl., 87 ff.; Laband, Staatsrecht, 5. Aufl., II 75; dafür Stengel, Wörterbuch des deutschen Verwaltungsrechts I 607 f.: "Das Gewohnheitsrecht kann daher nicht bloss neben dem Gesetze, zur Ergänzung desselben zur Geltung kommen, sondern sich auch gegen das Gesetz bilden, dasselbe aufheben (desuetudo)".

punkt von Willkür, dies um so mehr, als der Beschwerdeführer das fragliche Gewohnheitsrecht nach der grundsätzlichen Seite als unzulässig hinstellt, ohne eventuell das Vorhandensein der Erfordernisse für Gewohnheitsrecht in klarer und deutlicher Weise zu bestreiten.

Erscheint danach die Auffassung, dass § 9, Ziff. 2 des Gemeindegesetzes gewohnheitsrechtlich im gedachten Sinne abgeändert worden sei, als nicht willkürlich, so soll in dieser Feststellung auf der andern Seite doch auch keine Anerkennung liegen, dass diese Auffassung richtig sei. Eine staatliche Praxis, die darin besteht, gesetzliche Bestimmungen, deren Anwendung heute fast unüberwindliche Schwierigkeiten macht, nicht im Wege der Gesetzgebung zu beseitigen oder zu modifizieren, sondern ganz oder zum Teil nicht mehr anzuwenden, ist jedenfalls bedenklich und dem Ansehen der Rechtsordnung wenig förderlich.

(E. 3) Es kann also ohne Willkür angenommen werden, dass die Gemeinden nach § 9, Ziff. 2 des Gemeindegesetzes befugt sind, die Wahl weniger wichtiger Gemeindefunktionäre (auch mit einem Gehalt von über Fr. 500) dem Gemeinderat zu übertragen. Die Gemeinde Schönenwerd hat in ihrer Gehalts- und Lohnordnung von dieser Befugnis Gebrauch gemacht. Wenn darin die Wahl der Gemeinde<u>angestellten</u> - im Gegensatz zu den Beamten - dem Gemeinderat zugewiesen ist, so werden damit die weniger wichtigen Stellen im Sinne der regierungsrätlichen Praxis gemeint sein."

*

<u>61 I 258</u> (11. Juli 1935) Völkerrecht (Prorogation)

<u>Aus den Erwägungen:</u>

Die vertragliche Vereinbarung eines französischen Gerichtsstandes schliesst den nach schweizerischem Recht bestehenden Gerichtsstand - hier: den Sondergerichtsstand des Arrestortes - nicht aus.

Der Hinweis auf Art. 3 des Gerichtsstandvertrages mit Frankreich (BS 12, 347 ff.) geht fehl.

"Es besteht auch kein im internationalen Verkehr allgemein anerkannter - völkerrechtlicher - Satz, wonach beim Vorliegen einer für den prorogierten Richter nach seinem Landesrecht gültigen Prorogation die anderen Staaten sich der Ausübung ihrer Gerichtsbarkeit in einer unter die Prorogation fallenden Streitsache zu enthalten hätten und anderenfalls in die Rechte des ersten Staates übergreifen würden."

Weisen die Gerichte eine Klage mit Rücksicht auf die Prorogation zugunsten eines ausländischen Richters zurück, so geschieht dies "nicht auf Grund einer völkerrechtlichen Bindung, sondern der eigenen internen Prozessgesetzgebung und der dieser zu Grunde liegenden Anschauungen über die richtige Abgrenzung der inländischen Gerichtsbarkeit im internationalen

Verhältnis (30). Selbst wenn die Praxis in den verschiedenen Staaten durchaus überwiegend dahin gehen sollte, so vermöchte infolgedessen daraus ein Grundsatz des völkerrechtlichen Gewohnheitsrechtes, der die abweichende positivrechtliche Ordnung in einem bestimmten Staate als unzulässigen Eingriff in eine fremde Souveränität erscheinen liesse, nicht hergeleitet werden. Vielmehr würde einfach eine inhaltliche Uebereinstimmung der internen Gesetzgebungen und der auf ihnen beruhenden Rechtsprechung in der Mehrheit der Staaten für eine bestimmte Frage vorliegen. Diese Erscheinung kommt auch sonst vor, ohne dass daraus auf eine völkerrechtliche Beschränkung des einzelnen Staates in der Ausgestaltung seiner Rechtsordnung geschlossen werden könnte.

Im übrigen hat der Rekurrent auch schon jene angeblich übereinstimmende Uebung in keiner Weise nachzuweisen versucht (31), insbesondere nicht nach der Richtung, dass auch der Sondergerichtsstand des Arrestortes durch eine bei Abschluss des betreffenden Privatrechtsverhältnisses getroffene Prorogation auf einen ausländischen Richter ausgeschlossen sein sollt."

*

27. September 1935 i. S. Labhardt — Prozesskosten
(Staatsrechtliche Beschwerde)

Zum Tatbestand:

§ 44, Abs. 1 der baselstädtischen Zivilprozessordnung vom 8. Februar 1875 bestimmt:

"Der Kläger, bezw. wer in seinem Namen die Klage einreicht, haftet dem Staat für alle durch die Klage veranlassten erstinstanzlichen Gerichtskosten und hat auf Begehren deren mutmasslichen Betrag sofort zu erlegen..."

In analoger Anwendung dieser Bestimmung und auf Grund langjähriger Uebung erhielt das Appellationsgericht als Gläubiger die definitive Rechtsöffnung gegen den Anwalt Dr. Labhardt für eine Forderung gestützt auf eine zweitinstanzliche Gerichtskostenrechnung.

Auf eine Anfrage des bundesgerichtlichen Instruktionsrichters, mit welchen Vorgängen die behauptete langjährige Uebung für die analoge Anwendung des § 44, Abs. 1 ZPO im Appellationsverfahren belegt werden könne, weist das Appellationsgericht auf folgende Tatsachen hin:

"1) Die Anwälte seien von jeher gemahnt worden, wenn sie mit der Bezahlung der zweitinstanzlichen Kosten im Verzug gewesen seien. Bei erfolgloser Mahnung habe das Gericht den Anwalt betrieben. Rechtsvorschlag sei nie erfolgt.

30) Zitat: Nussbaum, Internationales Privatrecht, S. 402 Abs. 3.

31) Zitat: Nussbaum a.a.O., S. 401/2.

2) Bei zweifelhafter Zahlungsfähigkeit des Anwaltes habe das Gericht die Anhandnahme der Appellation von der Leistung eines Vorschusses für die zweitinstanzlichen Kosten durch den Anwalt abhängig gemacht.
Der Auskunft sind Abschriften von zwei Zahlungsbefehlen sowie eine Kontokorrent-Karte der Gerichtskasse beigelegt."

Aus den Erwägungen:

Einer analogen Anwendung der zitierten Bestimmung, die eine ausdrückliche Regelung nur für erstinstanzliche Kosten enthält, auf die Verfahrenskosten in zweiter Instanz, steht die ZPO selbst entgegen. Das zweitinstanzliche Kosten- und Kautionswesen ist in § 229 einlässlich geordnet. Wenn in diesem Artikel von einer Haftung des Anwaltes nicht die Rede ist, "so kann das deshalb nur den Sinn haben, dass sie vom Gesetzgeber für die zweitinstanzlichen Kosten im Gegensatz zu den erstinstanzlichen nicht gewollt ist. Denn die Haftung des Anwaltes für die Prozesskosten...ist eine durchaus singuläre Erscheinung, mit der das baselstädtische Recht in auffallender Weise von andern ZPO abweicht, und darf daher nicht über den ihr ausdrücklich zugewiesenen erstinstanzlichen Geltungsbereich hinaus angewendet werden."

Es bleibt also noch zu prüfen, ob die Voraussetzungen für das Bestehen von Gewohnheitsrecht gegeben sind, dem im vorliegenden Fall derogatorische Bedeutung zukäme.

"Ob es auf dem Gebiete des öffentlichen Rechtes derogatorisches Gewohnheitsrecht gibt, ist umstritten (32). Angesichts dieser Kontroverse kann die Zulassung derogatorischen Gewohnheitsrechts, wie die staatsrechtliche Abteilung des Bundesgerichts schon in dem (nicht veröffentlichten) Urteil vom 23. Juni 1934 i. S. Mattenberger c. Enders und Gemeinde Schönenwerd und Regierungsrat von Solothurn entschieden hat, immerhin nicht als willkürlich betrachtet werden. Das Gleiche gilt für die noch speziellere Frage, ob die Begründung öffentlichrechtlicher Pflichten auf gewohnheitsrechtlichem Wege möglich ist. Die Meinungen darüber gehen auseinander (33), weshalb auch diese Frage unter dem Gesichtspunkte des Art. 4 BV ungelöst bleiben muss.

Dagegen entspricht die vorliegende Praxis offensichtlich nicht den Anforderungen, die an Gewohnheitsrecht und zumal an derogatorisches, in Freiheit oder Eigentum der Bürger eingreifendes Gewohnheitsrecht, zum allermindesten zu stellen sind. Erforderlich ist dafür nach feststehenden, allgemein anerkannten Grundsätzen nicht nur, dass die Regel in andauernder Weise geübt werde, sondern vor allem auch, dass die Uebung auf Rechtsüberzeugung,

32) Zitate: dagegen Fleiner, Verwaltungsrecht, 8. Aufl. S. 85; O. Mayer, Verwaltungsrecht I, 3. Aufl., S. 87 ff.; Laband, Staatsrecht II, 5. Aufl., S. 75; dafür: Stengel, Wörterbuch des deutschen Verwaltungsrechts I, S. 607 f.

33) Zitat: Fleiner a. a. O. S. 85 und dort angeführtes Schrifttum.

der sogenannten opinio necessitatis, beruhe (34). Es musste also bei den Beteiligten zum mindesten in den spätern Stadien die Auffassung bestanden haben, dass die Anwälte für die bei ihnen eingeforderten Kosten effektiv rechtlich haften. Das kann beim Appellationsgericht unschwer vorausgesetzt werden, nicht aber ohne weiteres auch bei den Anwälten. Da diese Partei beim Gericht vertreten und demgemäss in der Regel der gesamte Verkehr zwischen dem Gerichte und der Partei über sie geht, erscheint es nur folgerichtig, dass auch die Kautionen und Gerichtskosten bei ihnen eingefordert werden. Wenn die Anwälte die zweitinstanzlichen Kosten und Kautionen ebenso wie die erstinstanzlichen bezahlten, so brauchte das daher nicht in der Meinung zu geschehen, dass sie damit einen vom Gericht gegen sie persönlich gerichteten Haftpflichtanspruch erfüllen. Sie konnten von ihren Klienten für die Kautionen und Kosten Deckung erhalten haben, so dass für sie praktisch kein Anlass bestand, sich der persönlichen Inanspruchnahme seitens des Gerichtes zu widersetzen; so oder anders musste das Geld ja doch dem Gerichte überwiesen werden. Aus diesem Grunde ist auch aus den in einzelnen Fällen gegen Anwälte erlassenen Zahlungsbefehlen und der Tatsache, dass sie keinen Rechtsvorschlag dagegen erhoben haben, nichts abzuleiten. Es besteht sehr wohl die Möglichkeit, dass die Anwälte zur Zeit der ersten an sie ergangenen Zahlungsaufforderung noch keine Deckung seitens ihrer Klienten besassen, dass sie sich dieselbe aber auf diese Aufforderung hin verschafften und deswegen bei Empfang des Zahlungsbefehls in der Lage waren, die Ueberweisung des Geldes an das Gericht vorzunehmen.

Anders müsste das Verhalten der Anwälte in diesen und den übrigen Fällen freilich dann ausgelegt werden, wenn das Appellationsgericht ihre perönliche Haftbarkeit je einmal in einem grundsätzlichen Entscheide ausgesprochen und darauf die vorliegende Praxis aufgebaut hätte. Das ist jedoch nicht der Fall, wenigstens macht das Appellationsgericht selber nicht geltend, seine Auffassung schon in einem frühern Fall durch eine Entscheidung bekanntgegeben zu haben.

Liegen also keine schlüssigen Anhaltspunkte dafür vor, dass die Anwälte die Kautionen und Kostenrechnungen mit der Ueberzeugung der persönlichen Haftbarkeit bezahlt haben, so fehlt dem Gewohnheitsrecht eine notwendige Voraussetzung.

Uebrigens lässt auch noch ein anderer Umstand erkennen, dass der Praxis des Appellationsgerichtes nicht die von ihm beanspruchte Bedeutung beigemessen wird. In den Jahren 1919 bis 1922 standen in zwei grossrätlichen Kommissionen, denen hauptsächlich Anwälte angehörten, die Revision der Zivilprozessordnung und der Erlass eines neuen Gerichtsgebührengesetzes zur Beratung. Dabei wurde laut den Kommissionsberichten u. a. die Frage

34) Zitate: vgl. statt vieler: Enneccerus/Nipperday, Lehrbuch des bürgerlichen Rechtes I S. 109; Egger, Kommentar ZGB, Art. 2 N 25 ff.

diskutiert, ob die Haftung des Anwaltes für die erstinstanzlichen Kosten, wie sie § 44 Abs. 1 ZPO vorsieht, abzuschaffen sei. Von einer allenfalls bestehenden Haftung für die zweitinstanzlichen Kosten war mit keinem Wort die Rede. Sie wäre aber ohne Zweifel irgendwie miterwähnt worden, wenn die Meinung geherrscht hätte, dass sie bestehe; nichts hätte näher gelegen, als sie bei dieser Gelegenheit ausdrücklich ins Gesetz aufzunehmen, sofern man sie beibehalten wollte, oder dann aber darauf hinzuweisen, dass sie bei Abschaffung der Haftung für die Kosten der ersten Instanz ebenfalls aufgehoben sein sollte."

*

17. September 1937 i. S.Ulrich (Staatsrechtliche Abteilung) — Insertionsverbot (Zahnarzt)

Zum Tatbestand:

1. Nach Art. 5 des st. gallischen Gesetzes vom 24. November 1893 über das Sanitätswesen sind zur Ausübung des Zahnarztberufes nur diejenigen Personen befugt, die sich darüber ausweisen, dass sie den von der Bundesgesetzgebung betreffend die Freizügigkeit des Medizinalpersonals aufgestellten Erfordernissen genügen. In Ausführung dieser gesetzlichen Bestimmung hat der Regierungsrat am 31. Dezember 1936 eine Verordnung über die medizinischen Berufsarten erlassen, die anstelle einer Verordnung gleichen Namens vom 15. Mai 1897 tritt und in Art. 41 folgende neue Vorschriften enthält: "Personen, die ausserhalb des Kantons St. Gallen als... 'Zahnärzte, Dentisten' usw. praktizieren, ohne im Besitz eines eidgenössischen Diploms zu sein, ist jede Berufsreklame und Berufsauskündigung...im Kanton St. Gallen verboten."

Ulrich übt seit Jahren im Kanton Appenzell Ausserrhoden den Beruf eines Zahnarztes aus, ohne ein eidgenössisches Patent zu besitzen.

2. Nach Erlass der Verordnung vom 31. Dezember 1936 ersuchte Ulrich die st. gallischen Behörden, es sei ihm (entgegen Art. 41 der genannten Verordnung) zu gestatten, weiterhin seine Zahnarztpraxis in st. gallischen Blättern auszukünden und den Titel "Zahnarzt" zu führen.

In seiner staatsrechtlichen Beschwerde weist er besonders darauf hin, dass er durch jahrelange Uebung (seit 12 Jahren) einen gewohnheitsrechtlichen Anspruch auf die streitige Titelführung auch für das Gebiet des Kantons St. Gallen erworben habe; hierauf sei bei der Handhabung von Art. 41 der Verordnung Rücksicht zu nehmen.

Aus den Erwägungen:

Da in St. Gallen die Ausübung der zahnärztlichen Praxis und der Gebrauch des Titels Zahnarzt vom Besitz des eidgenössischen Diploms abhängig sind, besteht die Gefahr, dass die dortigen Leser der st. gallischen Blätter auch Ulrich als Inhaber eines eidgenössischen Diploms betrachten und in dieser irrtümlichen Meinung sich in seine Behandlung begeben. Die Möglichkeit derartiger Missverständnisse genügt.

*

11. März 1938 i. S. Canonica (Staatsrechtliche Beschwerde) — Bedürfnisklausel (a)

Zum Tatbestand:

Nach § 1 des Wirtschaftsgesetzes (WG) des Kantons Schwyz vom 11. August 1899 sind sowohl der Betrieb einer Wirtschaft als auch der Kleinverkauf geistiger Getränke "an ein besonderes Patent und an die Bezahlung der in diesem Gesetze vorgesehenen Abgaben geknüpft".

§ 15 WG enthält inbezug auf die Wirtschaften eine Bedürfnisklausel: "Wenn an einem Orte die Zahl der bestehenden Wirtschaften derart gross ist, dass eine Vermehrung für das öffentliche Wohl offenbare Nachteile bringen würde, kann der Regierungsrat auf Antrag des betreffenden Gemeinderates oder von sich aus die Erteilung neuer Wirtschaftskonzessionen bis auf weiteres verweigern."

Bis 1920 zog der Regierungsrat aus der gesetzlichen Regelung durch argumentum e contrario den Schluss, die Bedürfnisklausel von § 15 WG sei auf Kleinverkaufsstellen für geistige Getränke nicht anwendbar. Von 1920 an hingegen hat er eine Praxis eingeleitet, die durch Analogie die Erteilung von Kleinverkaufspatenten ebenfalls der ursprünglich für Wirtschaften vorgesehenen Bedürfnisklausel unterwirft. Der Regierungsrat ist der Ansicht, diese "jahrzehntelang unangefochten geübte Praxis" sei im Jahre 1938 "längst Gewohnheitsrecht geworden". Die Abkehr von der früheren Praxis sei durch Gründe des öffentlichen Wohles bedingt: Die Armenbehörden hätten in jahrzehntelanger Erfahrung festgestellt, dass die Kleinverkaufsstellen für das öffentliche Wohl gefährlicher sind als die Wirtschaften, weil sie grosse Mengen minderwertigen Alkohols unter die Leute brächten.

Die Rekurrentin macht geltend, für das Bestehen von Gewohnheitsrecht sei "eine gewisse Zeit andauernde Uebung und die Ueberzeugung der Beteiligten von der rechtlichen Verbindlichkeit der in dieser Uebung betätigten Norm" notwendig. Im vorliegenden Fall handle es sich um eine Frage, die im Laufe der Jahre nur einige wenige Male aufgeworfen werde; da könne eine 17 Jahre alte Uebung noch kein Gewohnheitsrecht begründen. Auch hätten die Patentbewerber und das Volk im allgemeinen nicht die Ueberzeugung, dass die Praxis der Regierung rechtsverbindlich sei. Im Volke herrsche im Gegenteil die Ansicht, dass die Bedürfnisklausel auf die Kleinverkaufspatente nicht anwendbar sei.

Aus den Erwägungen:

Bei freier Prüfung wäre "wohl" zu schliessen, dass die Kleinhandelspatente der Bedürfnisklausel des § 15 WG nicht unterliegen; denn die Gewerbeausübung ist grundsätzlich frei, soweit sie nicht gesetzlich beschränkt ist.

"Diesen Standpunkt hat der Regierungsrat auch vom Inkrafttreten des Wirtschaftsgesetzes im Jahre 1899 an bis zum Jahre 1920 eingenommen. Dagegen hat er von da an § 15 des Gesetzes analog auch auf die Eröffnung neuer Kleinverkaufsstellen angewendet und nimmt nun an, dass er damit im Laufe der Zeit ein Gewohnheitsrecht begründet habe. Diese Auffassung möchte vielleicht einer freien Ueberprüfung nicht standhalten; aber willkürlich ist sie nicht. Der Regierungsrat hält gewiss mit Recht dafür, dass die Kleinverkaufsstellen mindestens in gleichem Masse wie die Wirtschaften den Alkoholgenuss in breiten Kreisen des Volkes begünstigen und deshalb gleich den Wirtschaften die Volkswohlfahrt gefährden. Der Grund, der zur Beschränkung der Zahl der Wirtschaften in § 15 des Wirtschaftsgesetzes geführt hat, trifft somit in gleicher Weise auch bei den Kleinverkaufsstellen zu. Das legt die analoge Anwendung des § 15 auf Kleinverkaufsstellen nahe. Es ist zwar möglich, dass der Gesetzgeber trotzdem eine solche Gleichstellung nicht wollte. Doch ist es keine Willkür, wenn der Regierungsrat findet, dass sich die Gleichstellung aufdränge und daher im Willen des Gesetzes liege, zumal jetzt, nachdem der Regierungsrat während 17 Jahren diese Auffassung stets vertreten und sich diese Praxis eingelebt hat, ohne auf ernstlichen Widerstand zu stossen. In diesem Sinne konnte der Regierungsrat von einem Gewohnheitsrecht sprechen."

*

64 I 84 (18. März 1938) Interkantonale Armenpflege

Zum Tatbestand:

Der Regierungsrat des Kantons Aargau verfügte am 13. September 1935 die Heimschaffung der in Aarau niedergelassenen und in Davos heimatberechtigten Familie M., weil diese dauernd der öffentlichen Wohltätigkeit zur Last fiel, und die Heimatgemeinde trotz amtlicher Aufforderung keine angemessene Unterstützung gewährte. Es entstand ein Streit darüber, welcher der beiden Kantone die Kosten für den Transport des Hausrates der betreffenden Familie zu tragen habe. Der aargauische Regierungsrat stellte sich auf den Standpunkt, dafür habe der Heimatkanton Graubünden aufzukommen.

Eine auf Anregung des Instruktionsrichters vom Eidg. Justiz- und Polizeidepartement durchgeführte Rundfrage hat ergeben, dass "die Mehrheit der Kantone, worunter auch diejenige der grossen und für die interkantonale Armenpflege wichtigsten, den Grundsatz befolgte, dass die Transportkosten für den Hausrat vom empfangenden Kanton zu tragen seien. Dazu gehören nach den Antworten 15 Kantone, nämlich Zürich, Bern, Luzern, Obwalden,

Glarus, Basel-Stadt, Appenzell A.Rh., Appenzell I.Rh., St. Gallen, Aargau, Thurgau, Tessin, Wallis, Neuenburg und Genf. Sieben Kantone, nämlich Schwyz, Nidwalden, Solothurn, Baselland, Schaffhausen und Graubünden sprachen sich in entgegengesetztem Sinne aus; Freiburg vertrat (allerdings nicht auf Grund einer bisher befolgten Uebung, sondern aus grundsätzlichen rechtlichen Erwägungen) denselben Standpunkt. Uri erklärte, dass die Behandlung bisher eine verschiedene gewesen sei, und Zug, dass es sich noch nie mit einem solchen Fall zu befassen gehabt habe." Der Kanton Waadt scheint keine Antwort eingereicht zu haben.

Aus den Erwägungen:

Das Bundesgericht schliesst sich der Feststellung des Eidg. Justiz- und Polizeidepartementes an, wonach der "Uebereinkunft betreffend die Polizeitransporte" vom 23. Juni 1909 (35) für den vorliegenden Fall keine Regelung entnommen werden kann. Ebenso fehlt es an einer interkantonalen Uebung.

"Wenn eine der Auffassung Aargaus (Zahlungspflicht des empfangenden Heimatkantons) entsprechende einheitliche interkantonale Praxis nach den Erhebungen des Eidg. Justiz- und Polizeidepartementes nicht besteht, so noch viel weniger eine übereinstimmende Uebung im Sinne des von Graubünden vertretenen Rechtsstandpunktes, so dass dieser seinen Erstattungsanspruch jedenfalls nicht auf Gewohnheitsrecht zu stützen vermag". (S. 93)

(Das Bundesgericht entscheidet, dass nach "Art und Zweck der Massnahme" der Heimatkanton die Transportkosten für den Hausrat einer heimzuschaffenden Person zu übernehmen habe).

*

3. Februar 1939 i. S. Blenke — Lehrerwahlen

(Staatsrechtliche Abteilung; auszugsweise publiziert in ZBl 40, 266, aber irrtümlich mit dem 3. März 1939 datiert)

Zum Tatbestand:

Die Urner Kantonsverfassung bestimmt in Art. 16:

"Jede politische Beamtung oder lehramtliche Anstellung wird nur auf eine bestimmte Amtsdauer übertragen, welche, in Ermangelung von Spezialvorschriften, 4 Jahre beträgt". Nach Art. 76 der Verfassung ist die Gemeindeversammlung für die Lehrer an Primar- und Sekundarschulen Wahlbehörde.

Trotz dieser Verfassungsbestimmungen scheint es in verschiedenen Gemeinden des Kantons Uri üblich geworden zu sein, Wiederwahlen für das Lehrpersonal nach Möglichkeit zu vermeiden.

35) Vereinbarung zwischen dem Eidg. Justiz- und Polizeidepartement und allen kantonalen Polizeidirektionen (BS 3, 520).

Aus den Erwägungen:

Nach der Ansicht des Landrates und des Regierungsrates des Kantons Uri liegt eine Anstellung ohne "bestimmte Amtsdauer" allein dann vor, wenn die Anstellung auf Lebenszeit erfolgt ist, nicht aber auch, wenn das Gemeinwesen das Anstellungsverhältnis durch Kündigung auflösen kann. Demgegenüber hält das Bundesgericht fest, dass im Sinne von Art. 16 KV eine Anstellung auf eine bestimmte Amtsdauer nur dann vorliegt, wenn das Beamtenverhältnis mit dem Ablauf einer gewissen Zeit ohne weiteres, d.h. ohne dass es einer Kündigung bedarf, sein Ende nimmt. Deshalb sind nach Ablauf der Amtsperiode Wahlen durchzuführen.

"Bedeutungslos ist, dass in Erstfeld und in einigen andern Gemeinden des Kantons Uri seit Jahren die Lehrer auf unbestimmte Zeit unter Festsetzung einer Kündigungsfrist angestellt worden sind. Durch eine solche Uebung kann, selbst wenn sie sich - was nicht bewiesen ist - über das Gebiet des ganzen Kantons erstrecken sollte, ein in der Verfassung klar aufgestellter Grundsatz nicht aufgehoben oder abgeändert werden. Im Rechtsstaat ist für das Gewohnheitsrecht nur Raum zur Ergänzung, nicht dagegen zur Abänderung des gesetzten Rechts (36)."

*

65 II 143 (3. März 1939) Grundwasserstöme

Aus den Erwägungen:

An den Grundwasserströmen haben die Eigentümer der einzelnen durchflossenen Landparzellen kein Verfügungsrecht. Solche Gewässer gehören der Allgemeinheit und unterstehen dem öffentlichen Recht der Kantone.

"Fehlt, wie zur Zeit noch in den meisten Kantonen, eine besondere Ordnung, so wird sie vorderhand durch analoge Anwendung der geltenden, auf oberirdische Wasserläufe und -becken zugeschnittenen Regeln des kantonalen öffentlichen Wasserrechts, seien es gesetzliche oder gewohnheitsrechtliche, gesucht werden müssen und gefunden werden können." (S. 150).

*

20. Oktober 1941 publ. ZBl 43, 133 Steuerpflicht
(Staatsrechtliche Beschwerde)

Zum Tatbestand:

Das Steuergesetz für den Kanton Schwyz vom 10. September 1854 bestimmt in § 5, lit. f.:
Von der Grundeigentums- und Kapitalsteuer sind ausgenommen:...

36) Zitate: Fleiner, Schweiz. Bundesstaatsrecht S. 41 und 420; Fleiner, Institutionen des deutschen Verwaltungsrechts, 8. Auflage, S. 84/5; ferner auch BGE 47 I 231.

f) das Vermögen von Kantonsbewohnern, welches ausser dem Kanton Schwyz liegt, sofern nachgewiesen werden kann, dass es auswärts versteuert werden muss.

Dem Kantonsbürger B., der im Jahre 1891 aus seiner Heimatgemeinde Sattel nach Amerika ausgewandert ist und seither nichts mehr von sich hören liess, sind inzwischen verschiedene Erbschaften zugefallen, die vom Waisenamt in Wertpapieren angelegt und von der Gemeinde Sattel regelmässig besteuert wurden. 1938, nach über 46jähriger Abwesenheit meldete sich B. bei seiner Heimatgemeinde als "zurzeit" in San Remo, Kalifornien, "wohnhaft". Er verlangte die ohne sein Wissen erhobenen Steuern zurück, mit der Begründung, bewegliches Vermögen sei am Wohnsitz des Eigentümers und nicht am Orte der Verwaltung zu versteuern. Die schwyzerischen Behörden lehnten jedoch sein Gesuch ab. Der Regierungsrat führte aus, B. habe nicht nachgewiesen, dass, wann und wo er seit seiner Auswanderung festen Wohnsitz begründet habe. Deshalb gelte die Präsumption der Fortdauer des früheren Wohnsitzes in der Gemeinde Sattel. Ausserdem werde "nach feststehender Praxis, die Gewohnheitsrecht geworden sei", bewegliches Vermögen nachrichtenlos Abwesender am Orte der Verwaltung besteuert.

Aus den Erwägungen:

Das schwyzerische Steuergesetz bestimmt "freilich" nirgends ausdrücklich, dass bewegliches Vermögen von auswärts wohnhaften und nachrichtenlos abwesenden Personen im Kanton zu versteuern sei, wenn es vom Waisenamt verwaltet wird und der Beweis fehlt, dass es anderswo besteuert wird. Anderseits ist nach den Bestimmungen des Gesetzes auch nicht dargetan, dass die Besteuerung auswärts wohnender Personen für Kapitalvermögen im Kanton Schwyz unter allen Umständen ausgeschlossen ist, also auch dann, wenn das Vermögen wegen nachrichtenloser Abwesenheit des Inhabers von einem schwyzerischen Waisenamt verwaltet wird und der Beweis der auswärtigen Besteuerung fehlt.

"Der Regierungsrat konnte jene Besteuerung im Kanton unter diesen Voraussetzungen ohne Willkür damit begründen, dass das schwyzerische Steuergesetz alles Vermögen erfassen wolle, das nicht anderswo versteuert werden muss, wenigstens wenn es im Kanton liegt oder der Inhaber sonst wirtschaftlich in erheblichen Beziehungen zum Kantonsgebiet steht. Für diesen Grundsatz... konnte sich der Regierungsrat auf die schon erwähnte Bestimmung von § 5, lit. f des Steuergesetzes berufen, nach der das ausserhalb des Kantons liegende Vermögen von Kantonsbewohnern nur dann von der Grundeigentums- und Kapitalsteuer ausgenommen ist, wenn nachgewiesen werden kann, dass es auswärts versteuert werden muss. In der Auflage der schwyzerischen Vermögenssteuern im vorliegenden Fall ist um so weniger Willkür zu erblicken, als es sich dabei unbestrittenermassen um eine feststehende Praxis handelt. Die Beschwerde ist aus diesen Gründen abzuweisen.

Es braucht nicht mehr entschieden zu werden, ob der Regierungsrat ohne Willkür sich auf den Standpunkt stellen konnte, der Rekurrent habe den zivilrechtlichen Wohnsitz in Sattel beibehalten, oder ob der angefochtene Entscheid auf Grund der in der Antwort vertretenen Auffassung, es handle sich um eine gewohnheitsrechtliche Besteuerung, zu schützen sei."

*

67 II 191 (11. Dezember 1941) Namensänderung

Zum Tatbestand:

Friedrich Sägesser von Bannwil, Kanton Bern, Kaufmann in Luzern, will seinen Familiennamen in Segesser abändern. Nach seiner Meinung werde damit nicht der Anschein der Zugehörigkeit zur angesehenen alten Luzerner Familie Segesser geweckt, da die Angehörigen dieser Familie angeblich verpflichtet seien, ihren vollständigen Namen "Segesser von Brunegg" oder mindestens die bisweilen gebrauchte Abkürzung "von Segesser" zu führen.

Aus den Erwägungen:

"Es steht jedoch in der Schweiz nach eingewurzeltem Gewohnheitsrecht den Angehörigen adliger Familien frei, beim Gebrauch ihres Familiennamens im schriftlichen wie im mündlichen Verkehr das Adelsprädikat wegzulassen, ausgenommen besondere Umstände, unter denen etwa die Abstammung angegeben werden muss. Nun gebrauchen tatsächlich, wie die Klägerschaft nachweist, Angehörige der Familie Segesser von Brunegg häufig den Familiennamen ohne Adelsbezeichnung, auch in amtlichen Urkunden, wie zum Beispiel ein dieser Familie entstammter Staatsschreiber die Erlasse und ein anderer Familiengenosse als Präsident des eidgenössischen Versicherungsgerichtes dessen Geschäftsbericht mit dem einfachen Namen Segesser unterzeichnet haben. Der bekannteste Vertreter dieses Geschlechts im 19. Jahrhundert, Philipp Anton Segesser, wird gleichfalls oft ohne Adelsbezeichnung genannt."

Wer sich in Luzern Segesser schreibt, wird "gewöhnlich" für einen Angehörigen dieser Familie gehalten.

*

68 I 56 (6. Februar 1942) Bürgerrecht

Aus den Erwägungen (E. 3, S. 62):

"Nach schweizerischem Gewohnheitsrecht verliert die Schweizerin, die mit einem Ausländer eine gültige Ehe eingeht, das Schweizerbürgerrecht. Sie bleibt Schweizerin, wenn das heimatliche Recht des Ehemannes die Ehe nicht als gültig anerkennt (37), dies jedenfalls dann, wenn sie infolge der Ungültigkeit der Ehe die Staatsangehörigkeit des Mannes nicht erwirbt."

*

37) Zitat: Salis-Burckhardt, Bundesrecht Bd. I, Nr. 358; Richtlinien VI, S. 791.

68 I 206 (27. November 1942) Bürgerrecht

Aus den Erwägungen (E. 2, S. 209/210):

"Es ist ein feststehender Satz schweizerischen Gewohnheitsrechts, dass die Kinder aus der Ehe einer Schweizerin, die bei der Verheiratung mit einem Ausländer ihr Schweizerbürgerrecht beibehalten hat, weil sie die fremde Staatsangehörigkeit ihres Ehemannes mit dem Eheschluss nicht erwarb, nur dann als Schweizer geboren werden, wenn sie mit der Geburt keine andere Staatsangehörigkeit erhalten. Sie werden Schweizer, wenn sie andernfalls staatenlos würden, sonst nicht (38). Vermeidung der Staatenlosigkeit ist der einzige Gesichtspunkt, unter dem in solchen Fällen das Schweizerbürgerrecht von Rechts wegen mit der Geburt, ohne besondere behördliche Verfügung, erworben wird (39)..."

*

70 I 70 (3. April 1944 i.S. Ulrich) Insertionsverbot (Zahntechniker)

Zum Tatbestand:
Vgl. BGE vom 17. September 1937, Ziff. 1.

Am 30. April 1942 stellte Ulrich an den Regierungsrat des Kantons St. Gallen das Gesuch, es sei ihm die Berufsauskündung in den st. gallischen Zeitungen unter der Bezeichnung "Zahntechniker" zu gestatten. Gegen den abschlägigen Entscheid des Regierungsrates erhob Ulrich staatsrechtliche Beschwerde, die aber abgewiesen wird.

Aus den Erwägungen:

"Auch daraus kann nichts abgeleitet werden, dass der Beschwerdeführer früher, vor Erlass der neuen Medizinalverordnung, für sein Geschäft in st. gallischen Blättern zu inserieren pflegte. Als Massnahme der Gesundheitspolizei durfte das Verbot jederzeit erlassen werden. Wie bereits im Urteil des Bundesgerichts vom 17. September 1937 ausgeführt wurde, konnte dem Rekurrenten deshalb kein gewohnheitsrechtlicher Anspruch auf öffentliche Bekanntgabe seines Gewerbes erwachsen, weil seine Berufstätigkeit immer den einschlägigen sanitätspolizeilichen Vorschriften unterworfen war und sich diesen auch dann anpassen muss, wenn sie wie hier im öffentlichen Interesse verschärft werden."

*

38) Zitat: Burckhardt, Bundesrecht Bd. I, Nr. 358 VI, S. 792.

39) Zitate: BGE 54 I 235, 60 I 78.

16. Oktober 1944
(publiziert in MBVR 43, 241)

Oeffentlich-rechtliche Eigentumsbeschränkungen

Aus den Erwägungen:

Oeffentlich-rechtliche Eigentumsbeschränkungen müssen durch einen positiven Rechtssatz bestimmt sein, um vor der Eigentumsgarantie Bestand zu haben.

"Doch bedarf es dazu keines Gesetzes im formellen Sinn, sondern es genügt eine kraft gesetzlicher Ermächtigung erlassene Rechtsverordnung oder eine autonome Satzung; selbst gewohnheitsrechtlich begründete Einschränkungen sind nach der Rechtsprechung zulässig..."

*

73 I 342 (21. November 1947)

Indemnité

Zum Tatbestand:

Ein Hilfsangestellter des Bundes verlangt die Sonderzulage für getrennten Haushalt (40) für die ganze Dauer seiner Anstellung vom Mai 1941 bis September 1946. Die Verwaltung hingegen will ihm diese Zulage nur ab 1. Januar 1946 ausbezahlen.

Aus den Erwägungen:

Der Kläger kann seinen Anspruch auf keine gesetzliche Grundlage stützen. Eine entsprechende ausdrückliche Vorschrift fehlt. Die analoge Anwendung von Art. 44, Abs. 1, lit. a des Beamtengesetzes ist ausgeschlossen, da diese Bestimmung insbesondere nicht auf Hilfsangestelltenverhältnisse zutrifft.

Zur Frage, ob der Kläger gestützt auf Gewohnheitsrecht die Sonderzulage für getrennten Haushalt geltend machen kann, führt das Bundesgericht aus:

Tatsächlich haben mehrere Kollegen des Klägers die Sonderzulage vom Zeitpunkt der Anstellung an bezogen. Dies bedeutet aber noch nicht, dass Gewohnheitsrecht entstanden sei: "Bien que la formation de règles coutumières ne soit pas absolument exclue en droit public, une grande prudence s'impose. Chargée d'appliquer les lois, l'administration n'a pas, en principe, le pouvoir d'ériger, par sa pratique, des normes venant prendre place à côté de celles que le législateur établit selon une procédure déterminée. Des dérogations ne sauraient être admises qu'à titre exceptionnel, pour satisfaire, en présence d'une lacune de la loi, à une impérieuse exigence de l'équité." Das Bundesgericht nennt als Beispiel das Urteil über die Rückerstattung von Militärpflichtersatz (56 I 42).

Im vorliegenden Fall hat aber die Uebung (usage) nicht so lange gedauert und ist wahrscheinlich (vraisemblablement) weder gleichförmig (uniforme)

40) Diese Zulage ist für Angestellte bestimmt, die nicht am Arbeitsort wohnen.

noch beständig (constant). Die Verwaltung erklärte, dass sie nur in gewissen Fällen eine Zulage für die Mehrkosten des getrennten Haushaltes zugesprochen habe.

Es besteht kein Billigkeitsgrundsatz (principe d'équité), der den Bund dazu anhalten würde, den Angestellten unter einem Sonderstatus (z.B. Hilfsangestellten), die nicht am Arbeitsort wohnen, eine Zulage für getrennten Haushalt auszurichten. Ebenso fehlt es an einer opinio necessitatis.

"D'autre part - et c'est le point décisif - il n'y a pas de lacune à combler quand l'administration, comme ici .., a toute latitude d'adapter le traitement aux circonstances."

*

74 I 41 (22. Januar 1948) (41) Unvordenklichkeit

Zum Tatbestand:

Die Gemeinde Jona (SG) beansprucht über den sog. Aeffenrainweg, der über die Liegenschaft des Rekurrenten führt, ein öffentliches Fusswegrecht. Der Regierungsrat schützt den Standpunkt der Gemeinde: Bereits vor dem Jahre 1881, als ungefähr fünfzig Meter nördlich die Zopfstrasse gebaut wurde, habe der Aeffenrainweg dem öffentlichen Fahr- und Fussverkehr gedient, obschon dem Gemeinwesen keine Eigentumsrechte am betreffenden Weg zugestanden haben. Dieses Fahr- und Fusswegrecht zugunsten der Oeffentlichkeit habe, wie in zahllosen andern Fällen, auf altem Herkommen und Gewohnheitsrecht beruht. Nach Erstellung der Zopfstrasse sei zwar der allgemein benutzte Fahrweg über den Aeffenrain zu einem Fahrweg der Anstösser verkümmert. Doch von Fussgängern sei dieser Weg, wie sich aus den Zeugeneinvernahmen einwandfrei ergebe, auch seither stets allgemein benutzt worden.

Aus den Erwägungen:

Wie das Bundesgericht "wiederholt" entschieden hat, kann das Eigentum nicht nur durch die Gesetzgebung (unter Einschluss der kraft gesetzlicher Ermächtigung erlassenen Rechtsverordnungen) sondern auch durch Gewohnheitsrecht eingeschränkt sein (42).

Ein privat- oder öffentlich-rechtlicher Titel, der den Aeffenrainweg dem öffentlichen Fussgängerverkehr gewidmet hat, liegt nicht vor. "Doch der Regierungsrat nimmt an, dass das st.gallische Recht - jedenfalls bis zum Inkrafttreten des schweiz. Zivilgesetzbuches (1912) - gewohnheitsrechtlich das Institut der Unvordenklichkeit gekannt hat, d.h. den Grundsatz: Ein Zu-

41) Vgl. Liver, Kritik dieses Urteils im Komm. zu Art. 731 ZGB, N 147.

42) Zitate: 35 I 446; 45 I 54; Kirchhofer, Eigentumsgarantie, Eigentumsbeschränkung und Enteignung, S. 141; Bosshardt, Die Eigentumsgarantie, S. 108; Imboden in SJZ Bd. 40, S. 293/4; anderer Ansicht für das deutsche Verwaltungsrecht: Fleiner, Institutionen, 8. Auflage, 85/6.

stand, der nach Art eines Rechtszustandes solange besteht, dass sein Anfang sich im Dunkel der Vorzeit verliert, also über Menschengedenken hinaus liegt, berechtigt zur Annahme, dass er dereinst rechtmässig entstanden ist (43). Nach Art eines Rechtszustandes besteht aber ein Wegrecht dann seit unvordenklicher Zeit, wenn es in gutem Glauben seit Menschengedenken ungefragt und ungewehrt, einem Bedürfnis entsprechend, ununterbrochen ausgeübt worden ist...

Dieser Grundsatz war in den Rechten der schweiz. Kantone dermassen allgemein verbreitet, dass seine Geltung für privat- und öffentlich-rechtliche Verhältnisse solange angenommen werden darf, als nicht der Gegenbeweis erbracht ist (44). Diesen Gegenbeweis hat aber der Rekurrent nicht erbracht...

Eine allgemeine Beweisregel, wie dies der Grundsatz der Unvordenklichkeit ist, kann aber, auch wenn er dem Gewohnheitsrecht angehört, die Eigentumsgarantie nicht verletzen, da er auch in diesem Falle der Rechtsordnung angehört, innert deren Schranken das Eigentum gewährleistet ist."

*

74 I 172 (10. Juni 1948) Referendum

Zum Tatbestand:

Nach richtiger Auslegung der Verfassung des Kantons Basel-Stadt vom 2. Dezember 1889 braucht der Budgetbeschluss des Grossen Rates nicht dem fakultativen Referendum unterstellt zu werden. Seit Bestehen dieser Verfassung wurde aber der Budgetbeschluss Jahr für Jahr im Kantonsblatt veröffentlicht und erst nach Ablauf der Referendumsfrist in Kraft erklärt.

Das Referendum wurde erstmals gegen den Voranschlag für das Jahr 1947 ergriffen. Der Regierungsrat vertrat die Auffassung, dass der Budgetbeschluss nach richtiger Auslegung dem Referendum nicht zu unterstellen sei; nachdem dies aber geschehen sei, gehe es nicht an, dem Bürger das Recht des Referendums gerade in dem Augenblick zu bestreiten, wo es erstmals ergriffen worden sei. Regierungsrat und Grosser Rat arbeiteten demnach ein zweites Budget aus, das wiederum dem Referendum unterstellt wurde, aber unangefochten blieb.

Am 12. Februar 1948 beschloss der Grosse Rat mit 71 gegen 36 Stimmen, den Budgetbeschluss sofort in Kraft zu setzen, ohne ihn dem fakultativen Referendum zu unterstellen.

43) Zitate: Regelsberger, Pandekten S. 464 ff.; Savigny, System des heutigen römischen Rechts Bd. 4, S. 480 ff.; Gierke, Deutsches Privatrecht, Bd. I S. 655 ff.; Stobbe, Deutsches Privatrecht Bd. 1 S. 313 ff.; Kormann, in den Annalen des deutschen Reichs 1912 S. 128/129; Haab, Komm. zum ZGB Art. 694/6, N 4.

44) Zitat: nicht publizierter Entscheid des Bundesgerichts i.S. Commune de Salvan vom 33. Oktober 1933, E. 4.

In der staatsrechtlichen Beschwerde wird geltend gemacht, infolge jahrzehntelanger Uebung liege heute ein Gewohnheitsrecht vor, wonach der Budgetbeschluss dem fakultativen Referendum unterstehe.

Aus den Erwägungen:

"Im öffentlichen Recht und namentlich im Verfassungsrecht spielt jedoch das Gewohnheitsrecht nur eine sehr beschränkte Rolle; insbesondere vermag es die geschriebene Verfassung nicht abzuändern, sondern nur Lücken derselben auszufüllen (45)."

Die Ausfüllung einer Lücke fällt ausser Betracht. Die jahrzehntelange Uebung vermag nicht "kraft Gewohnheitsrecht ein neues,.. verfassungsmässiges Recht zu begründen".

*

16. September 1948 Steuerjahr
(Staatsrechtliche Abteilung; teilweise publiziert in ZBl 50, 249, aber mit dem unrichtigen Datum vom 7. Dezember 1948)

Zum Tatbestand:

Das thurgauische Gesetz über das Steuerwesen vom 23. Mai 1933 bestimmt in § 19, dass für die Bemessung des steuerbaren Einkommens von unselbständig Erwerbenden die Höhe der Bezüge des Steuerjahres massgebend ist.

Im Jahre 1941 leitete die Steuerverwaltung eine Praxis ein, die bei unselbständig Erwerbenden nicht das Einkommen des Steuerjahres, sondern dasjenige des Vorjahres zur Bemessung heranzog. Nach ihrer Meinung ist diese Verwaltungspraxis heute zum Gewohnheitsrecht geworden.

Aus den Erwägungen:

"Im öffentlichen Recht spielt das Gewohnheitsrecht nur eine sehr beschränkte Rolle, insbesondere vermag es nach der herrschenden Rechtsprechung und Lehre das gesetzte Recht nur zu ergänzen, nicht aber abzuändern (46). Ob vor Art. 4 BV auch eine andere Auffassung standzuhalten vermöchte, braucht im vorliegenden Fall nicht entschieden zu werden (47), weil es hier schon mangels einer lange dauernden Uebung unhaltbar ist, Gewohnheitsrecht anzunehmen."

Eine Dauer von 7 Jahren erachtet das Bundesgericht als ungenügend und verweist auf seine Urteile im Gebiete des Staats- und Verwaltungsrechts, in

45) Zitate: Fleiner, Schweiz. Bundesstaatsrecht, S. 41 und 421; Ruck, Schweiz. Staatsrecht, 2. Aufl., S. 130.

46) Zitate: 73 I 345 ff.; 47 I 231; 74 I 172; Urteil i.S. Blenke vom 3. Februar 1939, S. 10; Fleiner, Institutionen, S. 84 ff.; Ruck, S. 29.

47) Zitate: Urteile vom 27. September 1935 i.S. Labhart S. 8 und vom 23. Juni 1934 i.S. Mattenberger S. 13.

denen das Bestehen von Gewohnheitsrecht auf Grund einer 26, 30 und noch mehr Jahre dauernden Uebung anerkannt wurde (48). Unter diesen Umständen kann dahingestellt bleiben, ob ohne Willkür angenommen werden durfte, die angefochtene Praxis beruhe auf "Rechtsüberzeugung (Ueberzeugung vom Bestehen einer derartigen verbindlichen Norm, opinio necessitatis), was ebenfalls erforderlich wäre".

*

74 I 346 (8. Oktober 1948) Bürgerrecht

Aus den Erwägungen (E. 1, S. 348):

Nach der "aus früherem Gewohnheitsrecht" übernommenen Ausnahmebestimmung des Art. 5, Abs. 2 BRB vom 11. November 1941 behält die Schweizerin, die einen Ausländer heiratet, ihr Schweizerbürgerrecht, wenn sie andernfalls unvermeidlich staatenlos würde.

*

20. Januar 1949 i.S. Forrer Delegationsklausel
(Staatsrechtliche Beschwerde)

Zum Tatbestand:

Seit Jahren wird in allen Scheidungsurteilen baselstädtischer Gerichte beim Vorhandensein von Kindern die Klausel aufgenommen: "Streitigkeiten über das Besuchsrecht entscheidet der Ehegerichtspräsident (49) als Einzelrichter." Die Delegation dieser Entscheidungsbefugnis an den Ehegerichtspräsidenten ist aber gesetzlich nicht vorgesehen. Gegen die Verfügung des Ehegerichtspräsidenten wird das Rekursrecht an die Zivilgerichtskammer eingeräumt.

Die Gerichtsbehörden des Kantons Basel-Stadt vertreten den Standpunkt, für die Zeit vor der Scheidung sei nach § 27 und § 32 des baselstädtischen EGzZGB der Ehegerichtspräsident zur Regelung des Besuchsrechtes befugt, während für die Zeit nach der Scheidung eine entsprechende Zuständigkeitsnorm fehle. Diese Lücke sei seit undenkbarer Zeit - jedenfalls seit mehr als 25 Jahren - durch die Aufnahme der zitierten Klausel in die Scheidungsurteile ausgefüllt worden. Die Delegation der Entscheidungsbefugnis seitens der Zivilkammer an den Ehegerichtspräsidenten beruhe auf einer "zum Gewohnheitsrecht gewordenen Rechtsüberzeugung".

48) Zitate: 56 I 42; Urteile i.S. Mattenberger und vom 6. Februar 1901 i.S. Aktiengesellschaft Hotels Thunerhof und Bellevue.

49) Der Ehegerichtspräsident führt als Zivilgerichtspräsident den Vorsitz der Ehekammer des Zivilgerichts (erste Instanz).

Aus den Erwägungen:

Aus Art. 58 BV ergibt sich, dass eine Delegation der Gerichtsbarkeit nur in den durch Rechtssatz vorgesehenen Fällen zulässig ist (50). Eine basel-städtische Gesetzesvorschrift, welche die Zivilgerichtskammer ermächtigen würde, dem Ehegerichtspräsidenten die Kompetenz zur Beurteilung der nach erfolgter Scheidung bei Ausübung des Besuchsrechtes entstehenden Streitigkeiten zu delegieren, kann nicht angeführt werden. Da die gesetzliche Ordnung über die sachliche Zuständigkeit der Gerichte keine Lücke enthält, beruft sich die Vorinstanz somit auf gesetzesänderndes (derogatorisches) Gewohnheitsrecht.

(E. 5, S. 14/15)
"a)...Nun nimmt zwar der Staatsgerichtshof bei freier Prüfung mit der herrschenden Auffassung in der Lehre an, dass es auf dem Gebiete des öffentlichen Rechts kein derogierendes Gewohnheitsrecht gebe (51). Doch kann die gegenteilige, in der Literatur und Rechtsprechung ebenfalls vertretene Auffassung (52), wie der Staatsgerichtshof wiederholt - und speziell auch bezüglich des basel-städtischen Rechts - entschieden hat, jedenfalls dann nicht als willkürlich erklärt werden, wenn der durch die langdauernde Uebung aufgestellte Rechtssatz nicht in Freiheit oder Eigentum der Einzelnen eingreift, sondern lediglich organisatorischer Natur ist (53). Diese Voraussetzung ist aber im vorliegenden Falle erfüllt; denn streitig ist eine Regel organisatorischer Natur: die sachliche Zuständigkeit zur Regelung des Besuchsrechtes nach erfolgter Scheidung... (man) konnte daher - ohne Willkür - annehmen, dass durch Gewohnheitsrecht die Zivilkammer habe ermächtigt werden können, die ihr als Scheidungsgericht laut Gesetz zustehende Kompetenz zur Regelung des Besuchsrechtes dem Kammervorsitzenden, Ehegerichtspräsidenten, in dem Sinne teilweise zu delegieren, dass dieser die Streitigkeiten entscheide, die sich bei der Ausübung des im Scheidungsurteil nur grundsätzlich geordneten Besuchsrechts ergeben sollten.

b) Ohne Willkür lässt sich aber auch die Auffassung vertreten, dass im vorliegenden Falle die Anforderungen erfüllt sind, die an die Bildung von Gewohnheitsrecht gestellt werden müssen. Nach allgemein anerkannten Grundsätzen ist hiefür erforderlich, dass eine Regel während längerer Zeit geübt

50) Zitate: Planck, Deutsches Zivilprozessrecht, Bd. I, S. 99; Fritz Kuhne, Das Problem der Delegation und Subdelegation von Kompetenzen der Staatsorgane (Diss. jur. Zürich 1941), S. 31.

51) Zitate: 74 I 176; nicht publizierter Entscheid i.S. Blenke vom 3. Februar 1939, E. 1, lit. c, S. 10.

52) Zitate: vgl. z.B. Stengel, Wörterbuch des deutschen Verwaltungsrechts Bd. I, S. 607 ff., Dernburg, System des Röm. Rechts, 8. Aufl., S. 46; RG in Ziv. 5, 134; Seuff. Arch. n. F. 22, 1 f.

53) Zitate: nicht publizierte Entscheide i.S. Mattenberger vom 23. Juni 1934 E. 2, S. 13 und i.S. Labhardt vom 27. September 1935, E. 2, lit. b, S. 8/9.

wurde und dass diese Uebung auf Rechtsüberzeugung, der sog. opinio necessitatis, beruhte (54).

Ueber die Dauer und Intensität der Uebung lassen sich keine bestimmten Regeln aufstellen".

Das Bundesgericht hat bisher im Gebiet des öffentlichen Rechts die Annahme von Gewohnheitsrecht als nicht willkürlich bezeichnet, wenn eine 25 und noch mehr Jahre dauernde Uebung nachgewiesen war (55). "Der Nachweis einer mehr als 25 Jahre dauernden, sehr intensiven Uebung durfte aber im vorliegenden Falle als geleistet betrachtet werden. Seit Jahren wird,.. in alle Scheidungsurteile des basel-städtischen Gerichtes beim Vorhandensein von Kindern die Klausel aufgenommen, dass Streitigkeiten, die sich bei der Ausübung des Besuchsrechtes ergeben sollten, vom Ehegerichtspräsidenten zu entscheiden seien... Nach den Feststellungen der basel-städtischen Gerichte handelt es sich...hiebei um eine 'alte', 'seit undenkbarer Zeit, auf alle Fälle seit mehr als 25 Jahren' bestehende Uebung..."

"Aber auch das Vorliegen des zweiten Erfordernisses der 'opinio necessitatis', durfte ohne Willkür bejaht werden. Es ist erfüllt, wenn eine Regel von den rechtlichen Anschauungen des Volkes getragen und aus der Ueberzeugung ihrer Vernünftigkeit und Notwendigkeit in dauernd festgehaltener Praxis ausgeübt wurde (56)."

Die Delegationsklausel wurde "seit Jahren von Parteien und Anwälten als eine vernünftige, den Verhältnissen entsprechende Lösung widerspruchlos hingenommen". Es entspricht dem System des Gesetzes und "den Bedürfnissen der Zweckmässigkeit", wenn dem Ehegerichtspräsidenten, der die persönlichen Beziehungen der Eltern zu den Kindern für die Zeit vor und während des Scheidungsverfahrens regelt (§ 27 und § 32 EGzZGB), diese Kompetenz auch nach Erlass des Scheidungsurteils unter Vorbehalt einer Beschwerde an die Zivilgerichtskammer zugewiesen wird. "Das Bundesgericht als Berufungsinstanz hat die in den Scheidungsurteilen der basel-städtischen Gerichte enthaltene Delegationsklausel wiederholt bestätigt und zwar das eine Mal sogar für den Fall, dass dem Ehegerichtspräsidenten schlechtweg die Regelung des Besuchsrechts übertragen wurde (57) und das andere Mal wenigstens für den Fall, dass ihm - wie im vorliegenden Falle - die Kompetenz eingeräumt würde, im Rahmen der vom Scheidungsrichter für das Be-

54) Zitate: 46 II 307; 56 I 42; 73 I 346; nicht publizierter Entscheid i.S. Labhardt, E. 2, S. 9; Egger, Komm. ZGB, 2. Aufl., Art. 1 N 26 ff., S. 55.

55) Zitate: 56 I 42 f.; Entscheide i.S. Mattenberger S. 13 f. und i.S. AG Hotels Thunerhof und Bellevue vom 6. Februar 1901, MBVR 1, 473 f.

56) Zitate: 56 I 42; nicht publizierter Entscheid i.S. Labhardt, S. 9.

57) Zitat: nicht publizierter Entscheid des Bundesgerichts (II. Zivilabteilung) i.S. Fechtig vom 16. Dezember 1932 S. 5 & 7.

suchsrecht aufgestellten Richtlinien im Streitfall die Einzelheiten festzulegen (58).

Die Zivilkammer war daher, wie ohne Willkür angenommen werden kann, kraft Gewohnheitsrechtes befugt, die Kompetenz zur nähern Regelung des im Scheidungsurteil in den Richtlinien festgelegten Besuchsrechts dem Ehegerichtspräsidenten zu übertragen."

(E. 6) Im übrigen lässt sich im vorliegenden Fall "ohne jede Willkür" die Auffassung vertreten, dass der Ehegerichtspräsident als Vollstreckungsrichter gemäss Art. 254 ZPO (59) zuständig gewesen sei, Verfügungen über das Besuchsrecht zu erlassen.

*

7. Dezember 1949 i. S. Affolter & Kons. Unvereinbarkeit I
(Staatsrechtliche Abteilung; Willkürbeschwerde gestützt auf Art. 85 lit. a OG)

Zum Tatbestand:

Art. 23 der solothurnischen KV bestimmt:

"Die Regierungsräte, die Oberamtmänner, die Amtsschreiber, die Bankbeamten, die Gerichtsschreiber, Weibel, die vom Kantonsrate nach Art. 31 Ziff. 14 lit. c, ernannten Beamten, sowie sämtliche Inhaber der von einer Staatsbehörde besetzten Verwaltungsstellen können nicht zugleich Mitglieder des Kantonsrates sein. Wenn solche Beamte als Kantonsräte gewählt werden, so müssen sie vor Antritt der Kantonsratsstelle die Demission von ihrem früheren Amte eingeben."

Die Beschwerdeführer sind am 15. Mai 1949 zu Mitgliedern des Kantonsrates von Solothurn gewählt worden. Der Kantonsrat beschloss am 29. Juni 1949 gestützt auf Art. 23 KV, die Wahlen aller Rekurrenten nicht zu validieren und diesen Gelegenheit zu geben, innert 10 Tagen zu erklären, ob sie auf ihr Amt oder auf die Mitgliedschaft beim Kantonsrat verzichten wollen.

Gegen diesen Beschluss machen die Beschwerdeführer u. a. geltend, dass nach der verbindlichen Feststellung des Regierungsrates immer wieder Verwaltungsbeamte in den Kantonsrat gewählt worden seien. Im Jahre 1921 habe der Kantonsrat auch die Wahl eines Amtsschreibereisekretärs validiert, in der Meinung, dass blosse Angestellte von Art. 23 KV nicht betroffen würden.

58) Zitate: nicht publizierter Entscheid des Bundesgerichts (II. Zivilabteilung) i. S. Schneider vom 20. Juni 1930, E. 3, S. 8: Die Klausel im kantonalen Urteil lautete: "Ueber das Besuchsrecht... hat im Streitfalle der Ehegerichtspräsident das den Umständen Angemessene zu verfügen". Das Bundesgericht bemerkte hierzu (E. 3, S. 8):"Die Vorinstanzen haben die Ordnung des Besuchsrechtes der Verständigung der Parteien und im Streitfall dem Entscheid des Ehegerichtspräsidenten anheimgestellt. Es ist indessen grundsätzlich Sache des Scheidungsrichters, wenigstens die Richtlinien zu geben, an die sich die Parteien zu halten haben. Es erscheint als angemessen... In diesem Rahmen sollen sich die Parteien über Einzelheiten verständigen oder im Streitfall der Ehegerichtspräsident entscheiden". Vgl. hiezu auch: BGE 54 II 239/240.

59) Diese Bestimmung der basel-städtischen ZPO vom 8. Februar 1875 ermächtigt den Zivilgerichtspräsidenten, die zur Vollstreckung des Urteils "erforderlichen und geeigneten Massregeln" anzuordnen.

Durch "gewohnheitsrechtliche Entwicklung" sei der Passus des Art. 23 KV 'sowie sämtliche Inhaber der von einer Staatsbehörde besetzten Verwaltungsstellen' sowohl für die Angestellten als auch für die Beamten "obsolet" geworden. "Die Verfassungsrechtsordnung werde ohne förmliche Revision geändert, wenn eine fortlaufende, tatsächlich während längerer Zeit im Bewusstsein der Rechtmässigkeit und im Einklang mit der im Volk herrschenden Auffassung bestätigte Uebung der zuständigen Behörden vorliege. Diese Voraussetzung treffe im vorliegenden Falle zu, weil eine 28 Jahre lang auf Grund eines Kantonsratsbeschlusses, also im Bewusstsein der Rechtmässigkeit bestätigte Uebung des Kantonsrates vorliege, die sich sowohl im Einvernehmen mit dem Regierungsrat als mit der durch die Wahlen von Verwaltungsbeamten und -angestellten bestätigten Meinung des Volkes vollzogen habe. Auch das Bundesgericht habe in besonderen Fällen, mindestens bei organisationsrechtlichen Fragen, ein öffentlich-rechtliches Gewohnheitsrecht zugelassen (Urteil vom 20. Januar 1949 i.S. Forrer ca. Basel-Stadt). Hier handle es sich um die rechtliche Auswirkung des Organisationsprinzips der Gewaltentrennung."

Aus den Erwägungen:

Nach dem Wortlaut und dem Sinn des Art. 23 KV ist "ohne weiteres klar", dass "alle der Aufsicht des Kantonsrates oder des Regierungsrates unterstellten staatlichen Verwaltungsbeamten von der Mitgliedschaft im Kantonsrat auszuschliessen" sind, "sei es dass die Gesetze sie als Beamte im engeren Sinne oder als Angestellte bezeichnen" (S. 14).

(E. 7, S. 14 ff.) "Ist somit Art. 23 KV dahin zu verstehen, dass zu den Inhabern der von einer Staatsbehörde besetzten Verwaltungsstellen alle staatlichen Verwaltungsbeamten im weitern Sinne, auch Angestellte im Sinne der Gesetze und Beschlüsse über die Staatsbeamten, gehören, so ist nicht anzunehmen, dass die Bestimmung in dieser Beziehung durch Gewohnheitsrecht eingeschränkt worden sei, insbesondere sich auf Angestellte nicht mehr beziehe. Wie das Bundesgericht festgestellt hat, vermag das Gewohnheitsrecht im Gebiete des öffentlichen Rechts Gesetzesbestimmungen, insbesondere die geschriebene Verfassung, nicht abzuändern, sondern nur deren Lücken auszufüllen (60). Art. 23 KV enthält aber keine Lücke, soweit er bestimmt, dass sämtliche Inhaber der von einer Staatsbehörde besetzten Verwaltungsstellen nicht zugleich Mitglieder des Kantonsrates sein können. Vom Gesichtspunkt des Art. 4 BV aus hat das Bundesgericht freilich auch auf dem Gebiet des öffentlichen Rechtes gesetzesänderndes, derogierendes Gewohnheitsrecht zugelassen, soweit bloss organisatorisches Recht in Frage steht (61).

60) Zitate: 74 I 176; nicht veröffentlichte Entscheide i.S. Spörri ca. Basel-Stadt vom 24. Oktober 1946, S. 6 ff., (in diesem Entscheid ist zwar nirgends von Gewohnheitsrecht die Rede) und i.S. Forrer ca. Basel-Stadt vom 20. Januar 1949 S. 14.

61) Zitat: Entscheid i.S. Forrer (vgl. Anm. 60).

Das ist aber im vorliegenden Fall ohne Bedeutung, weil es sich hier nicht um eine Beschwerde handelt, durch die die Annahme eines Gewohnheitsrechtes wegen Willkür angefochten wird. Uebrigens würden hier auch abgesehen davon, dass es sich um öffentliches Recht handelt, die Voraussetzungen für die Annahme fehlen, dass Art. 23 KV durch Gewohnheitsrecht abgeändert worden sei. Hiefür wäre erforderlich, dass die Bestimmung während längerer Zeit auf Grund einer Rechtsüberzeugung, der sogenannten opinio necessitatis, ausser Acht gelassen worden wäre (62). Der Kantonsrat hat sich allerdings, wie er zugibt, seit 1921 bis zum angefochtenen Beschluss, also während 28 Jahren, nicht mehr streng an den Art. 23 KV und dessen richtige Auslegung gehalten, indem er die Wahlen von staatlichen Verwaltungsbeamten, von Angestellten und sogar von Beamten im engern Sinne validierte. Die Rekurrenten haben aber nicht dargetan, dass das auf Grund einer allgemein im Kanton Solothurn herrschenden Ueberzeugung geschehen sei, eine strenge Anwendung der Bestimmung gehe zu weit und widerspreche dem Rechtsempfinden des Volkes. Im Jahre 1921 wurde die Wahl eines Staatsangestellten im Sinne des Staatsbeamtengesetzes vom 27. November 1904 (Amtsschreibereisekretärs) entgegen dem einstimmigen Antrag des Regierungsrates und der Mehrheit der Kommission mit einem Mehr von nur 12 Stimmen (64 gegen 52) validiert (Verhandlungen des Kantonsrates 1921 S. 381 ff.). Die Rekurrenten behaupten sodann nicht, dass seither wieder Diskussionen und Abstimmungen über die gleiche Frage im gleichen Sinne ergangen seien; sondern niemand wollte, wie es scheint, Einspruch gegen die Wahlen von Angestellten erheben, und man liess dann auch sogar die Wahlen von Beamten im engern Sinne stillschweigend durchgehen, wie der Regierungsrat in seinem Bericht und Antrag an den Kantonsrat vom 24. Juni 1949 S. 7 hervorgehoben hat. Bei den Kantonsratswahlen des Jahres 1945 hat aber dann der Regierungsrat seinen Bedenken über diese Praxis Ausdruck gegeben (Bericht S. 6/7), und aus der Beschwerde, die gegen die Wahlen der heutigen Beschwerdeführer... erhoben worden ist, in Verbindung mit den Verhandlungen des Kantonsrates über diese Beschwerde und dem angefochtenen Beschluss ergibt sich klar, dass von einer allgemeinen Rechtsüberzeugung, Art. 23 KV gehe zu weit, nicht die Rede sein kann."

*

76 II 202 (29. Juni 1950) Selbständige Auflage

Art. 482, Abs. 1 ZGB spricht nur von Auflagen, die einer Verfügung des Erblassers (Erbeinsetzung, Vermächtnis) angefügt sind, also von sogenannten unselbständigen.

"Mit Recht anerkennt die Rechtslehre auch Auflagen, welche unmittelbar die gesetzlichen Erben (oder einzelne derselben) belasten (63).

62) Zitate: 46 II 307; 56 I 42; 73 I 346.

63) also "selbständige Auflagen, wie sie auch das Bundesgericht bezeichnet.

Diese kommen denn auch in Testamenten häufig vor, so dass sich geradezu von einer allgemeinen Rechtsüberzeugung, mit andern Worten von einem Gewohnheitsrecht sprechen lässt.

Die Rechtsnatur der Auflage bleibt sich gleich, ob sie nun einer Verfügung angefügt ist oder auf selbständiger Verfügung zu Lasten gesetzlicher Erben beruht oder eben in letzterem Sinne aufrechterhalten wird, nachdem die Verfügung, der sie angefügt war, sich als unausführbar erwiesen hat." (E. 3, 207)

*

76 I 374 (21. Dezember 1950) Bürgerrecht

Aus den Erwägungen:

(E. 2, S. 377/8) Eine Schweizerin behält ihr angestammtes Bürgerrecht trotz der Heirat mit einem Ausländer, wenn sie andernfalls staatenlos würde, insbesondere durch Heirat mit einem Staatenlosen. Auch ihre ehelichen Kinder erwerben unter dieser Voraussetzung das Schweizerbürgerrecht. Dieser Grund ist heute in Art. 5 des BRB vom 11. November 1941 über Aenderung der Vorschriften über Erwerb und Verlust des Schweizerbürgerrechts ausdrücklich ausgesprochen. Er war aber schon vorher geltendes Recht (64).

"Diese auf Gewohnheitsrecht beruhende Ausgestaltung der bürgerrechtlichen Stellung von Frau und Kind eines Heimatlosen" dient einzig der Vermeidung der Staatenlosigkeit. Sie ist eine Ausnahme vom Grundsatz, dass die staatsrechtliche Stellung der Person von gesetzeswegen durch die staatsrechtliche Zugehörigkeit des Ehegatten und Vaters bestimmt wird.

*

77 I 126 (29. Juni 1951) Bürgerrecht

Die in Art. 5, Abs. 2 bis 4 des BRB vom 11. November 1941 festgelegte Ordnung (65) "ist schon vorher durch Gewohnheitsrecht geschaffen worden (76 I 377 und die dortigen Zitate)".

Das Bundesgericht hat hier in analoger Anwendung der Regelung zugunsten der Schweizerin und ihrer Kinder erkannt, dass das von der Ehefrau infolge der Heirat mit einem Staatenlosen beibehaltene Kantons- und Gemeindebürgerrecht unterging, nachdem der Mann sich in einem andern Kanton eingebürgert hatte.

*

64) Zitate: BGE 7, S. 85; 17 S. 41/42 und 98; 35 II 531/32; 61 I 245/46; Stoll: Verlust des Schweizerbürgerrechts, S. 64 ff. Rieser: Schweizerbürgerrecht, S. 139).

65) BS 1, 106: Das Schweizerbürgerrecht, das die Schweizerin und ihr eheliches Kind zur Vermeidung der Staatenlosigkeit beibehalten haben (Abs. 2 und 3), wird verloren durch den Erwerb einer ausländischen Staatsangehörigkeit (Abs. 4).

17. Juni 1953 i. S. Billeter (Staatsrechtliche Abteilung) — Delegation

Zum Tatbestand:

Nach Art. 48, Ziff. 4 ZPO des Kantons St. Gallen vom 1. Januar 1940 entscheidet der Präsident des Bezirksgerichtes endgültig über vorsorgliche Massnahmen im Scheidungsprozess (Art. 145 ZGB).

Im Widerspruch zu dieser Bestimmung hat sich die Praxis eingelebt, dass der Bezirksgerichtspräsident die Befugnisse des Art. 48, Ziff. 4 ZPO demjenigen Gerichtsmitglied oder Ersatzrichter überträgt, der den Scheidungsprozess instruiert.

Dieser Praxis folgend hat der Instruktionsrichter des vorliegenden Scheidungsverfahrens erstmals am 8. und 21. Januar 1952 vorsorgliche Massnahmen nach Art. 145 ZGB getroffen. Die staatsrechtliche Beschwerde gegen diese Verfügungen beruft sich auf Art. 58 und Art. 4 BV.

Das Kantonsgericht St. Gallen erklärt im Bericht, den der Instruktionsrichter des Bundesgerichts eingeholt hat, beim Bezirksgericht St. Gallen bestehe mindestens seit dem Jahre 1944 die Uebung, die Befugnisse des Präsidenten zur Anordnung vorsorglicher Massnahmen im Scheidungsprozess auf ein Gerichtsmitglied zu übertragen. Von diesem Zeitpunkt an sei diese Uebung dem Kantonsgericht bekannt; als Aufsichtsbehörde habe es sich nie veranlasst gesehen, dagegen einzuschreiten.

Das Bezirksgericht St. Gallen berichtet dazu, dass die erwähnte Uebung anhand der Gerichtsprotokolle bis in das Jahr 1936 zurück festgestellt werden könne, und dass diese Praxis bis zum vorliegenden Falle nie angefochten worden sei.

Aus den Erwägungen:

(E. 3, d.) Die st. gallische ZPO lässt die Uebertragung einzelrichterlicher Obliegenheiten des Präsidenten des Bezirksgerichtes St. Gallen lediglich generell durch das Gericht zu. Das Gesetz sieht aber nicht vor, dass der Gerichtspräsident selber im Einzelfall seine Befugnisse, wie diejenige des Art. 48, Ziff. 4, an ein Mitglied des Gerichtes delegieren kann. Inbezug auf eine solche Delegation liegt "keine Gesetzeslücke vor, die durch den Richter auszufüllen wäre".

Aus Art. 58 BV ergibt sich, dass die Delegation der Gerichtsbarkeit nur durch Rechtssatz zulässig ist (66). In der st. gallischen Gesetzgebung findet sich aber kein derartiger Rechtssatz. Im Gegenteil schliesst die in der ZPO

66) Zitat: nicht veröffentlichtes Urteil in Sachen Forrer, E. 4.

getroffene Regelung die in Frage stehende Delegation der Gerichtsbarkeit durch den Gerichtspräsidenten aus.

"Es kann sich daher nur noch fragen, ob sich im Kanton St. Gallen die erwähnte Uebung zu einem Gewohnheitsrecht verdichtet habe (was das Kantonsgericht offenbar annimmt, jedoch nicht ausdrücklich sagt) und ob die Auffassung, dass Gewohnheitsrecht geschriebenes Recht abändern könne, von Art. 4 BV standhalte.

Die Frage, ob es auf dem Gebiete des öffentlichen Rechts derogatorisches Gewohnheitsrecht gebe, ist umstritten (67). Wie es sich damit im allgemeinen verhält, kann hier dahingestellt bleiben. Jedenfalls wurde wiederholt entschieden, dass angesichts der bestehenden Kontroverse die Zulassung von derogierendem Gewohnheitsrecht immerhin nicht als willkürlich bezeichnet werden könne, sondern vor Art. 4 BV standhalte (68). Das gilt jedenfalls dann, wenn der durch langdauernde Uebung aufgestellte Rechtssatz nicht in Freiheit und Eigentum der Einzelnen eingreift, sondern lediglich organisatorischer Natur ist (69). Diese letztere Voraussetzung ist aber im vorliegenden Fall erfüllt, denn streitig ist lediglich eine Regel gerichtsorganisatorischer Natur. Ohne Willkür durfte das Kantonsgericht daher annehmen, dass an sich Gewohnheitsrecht die Kompetenzbestimmungen der ZPO inbezug auf die Anordnung vorsorglicher Massnahmen im Scheidungsprozess abändern könne.

Aber auch die weitere Annahme, dass ein solches Gewohnheitsrecht entstanden sei, ist vertretbar und daher nicht willkürlich. Nach allgemein anerkannten Grundsätzen ist für die Bildung von Gewohnheitsrecht erforderlich, dass eine Regel während längerer Zeit geübt wurde, und dass diese Uebung auf Rechtsüberzeugung, der sogenannten opinio necessitatis beruht (70).

Ueber die Dauer und Intensität der Uebung lassen sich keine festen Regeln aufstellen."

Das Bundesgericht verweist auf frühere Entscheide (71), in denen es eine 25 und mehr Jahre dauernde Uebung für die Bildung von Gewohnheitsrecht als genügend erklärt hatte. Im vorliegenden Fall besteht die Uebung seit 16 Jah-

67) Zitate: dagegen: Fleiner, Verwaltungsrecht 8. Aufl., S. 85; O. Mayer, Verwaltungsrecht I, 3. Aufl., S. 87 ff.; Laband, Staatsrecht II, 5. Aufl., S. 75; dafür: Stengel, Wörterbuch des deutschen Verwaltungsrechtes I S. 607 f.

68) Zitate: nicht veröffentlichte Urteile in Sachen Mattenberger, E. 2, und in Sachen Labhardt, E. 2 lit. b.

69) Zitat: nicht veröffentlichtes Urteil in Sachen Forrer, E. 5 lit. a.

70) Zitate: 56 I 42; nicht veröffentlichtes Urteil in Sachen Forrer, E. 5 lit. b und dortige Zitate.

71) Urteile vom 16.9.1948 i.S. Wild, und vom 6.2.1901 i.S. Thunerhof und Bellevue; nicht veröffentlichte Urteile i.S. Mattenberger und i.S. Forrer.

ren (72), "zwar eine langjährige Praxis,..aber kürzer als eine Zeitspanne von 25 und mehr Jahren".

"Indessen lassen sich, wie gesagt, keine festen Regeln über die Dauer der Uebung aufstellen. Je durchschlagender die Rechtsüberzeugung ist, auf der die Uebung beruht, und je weniger sie in schutzwürdige Interessen eingreift, umsoweniger strenge Anforderungen sind an ihre Dauer zu stellen. Es kann nun keinem Zweifel unterliegen, dass die in Frage stehende Uebung in besonders hohem Masse aus der Ueberzeugung ihrer Vernünftigkeit und Notwendigkeit hervorgegangen ist...Es ist daher in hohem Masse zweckmässig und vernünftig, in Prozessen, in denen ein Instruktionsrichter bestellt wurde, diesem an Stelle des Gerichtspräsidenten die Anordnung vorsorglicher Massnahmen zu überlassen."

Wenn der Gerichtspräsident auch noch die für vorsorgliche Verfügungen die Verhältnisse prüfen müsste, so hätte dies eine Doppelspurigkeit zur Folge und wäre ausserdem mit dem meist dringlichen Charakter der vorsorglichen Massnahme schlecht vereinbar.

"Die am Bezirksgericht St. Gallen bestehende Uebung entspricht daher in hohem Masse dem Gebote rationeller und rascher Erledigung von Begehren um Anordnung vorsorglicher Massnahmen...Dass sie während ihrer 16jährigen Dauer von keiner Prozesspartei mit Ausnahme des Beschwerdeführers angefochten und auch vom Kantonsgericht als Aufsichtsbehörde (Art. 15 ZPO) trotz Kenntnis nie beanstandet wurde, zeigt eindeutig, in wie hohem Masse sie in den rechtlichen Anschauungen des Volkes und der Behörden als vernünftig und notwendig betrachtet wird."

"Angesichts der hier besonders überzeugenden opinio necessitatis darf auch eine erst seit 16 Jahren bestehende Uebung ohne Willkür als ausreichend für die Bildung von dem geschriebenen Recht derogierenden Gewohnheitsrecht betrachtet werden."

Da die Zuständigkeit des Instruktionsrichters zum Erlass vorsorglicher Massnahmen im Scheidungsprozess auf Gewohnheitsrecht beruht, bedarf es auch keiner Urkunde über die Einräumung dieser Kompetenz.

Die angefochtene Verfügung verstösst weder gegen Art. 58 noch gegen Art. 4 BV.

*

80 I 74 (26. Februar 1954) Bürgerrecht

Aus den Erwägungen (E. 2, S. 77):

Die in Art. 1, lit. b und Art. 5, Abs. 1 BRG ausgesprochenen Grundsätze

72) von 1936 bis 8.1.1952 (Datum der ersten in diesem Prozess vom Instruktionsrichter erlassenen Verfügung nach Art. 145 ZGB).

stimmen "sachlich... mit der früheren, ursprünglich auf Gewohnheitsrecht beruhenden Ordnung des Bürgerrechts der Kinder einer gebürtigen Schweizerin" überein.

*

81 I 26 (26. Januar 1955) Bauzone

Zum Tatbestand:

Die Gemeinde Interlaken stellt sich auf den Standpunkt, die Befugnis, das Gemeindegebiet in Bauzonen einzuteilen (Schaffung einer Hotelzone), lasse sich, wenn nicht aus dem kantonalen Alignementsgesetz, so doch "zum mindesten aus einer jahrzehntelangen gewohnheitsrechtlichen Entwicklung" ableiten.

Aus den Erwägungen:

"Für die Bildung von Gewohnheitsrecht ist nach allgemeinen Grundsätzen erforderlich, dass eine Regel während längerer Zeit geübt wurde und dass diese Uebung auf einer Rechtsüberzeugung, der opinio necessitatis beruht (73). Die Gemeinde, die sich auf solche Uebung zu berufen scheint, unterlässt es jedoch, darzulegen, dass in der Gemeinde oder im Kanton bisher eine Uebung im Sinne der von ihr beschlossenen Ordnung bestanden habe, und seit wann und durch welche Entscheide der zuständigen Behörden sich eine Rechtsüberzeugung von der Zulässigkeit von Hotelzonen entwickelt hätte. Vollends könnte von einem autonomen Gewohnheitsrecht im behaupteten Sinne keine Rede sein."

*

81 I 81 (11. März 1955; Verwaltungsgerichtsbeschwerde) Wasserrechtskonzession

Aus den Erwägungen:

Die Befugnis zur Erteilung von Wasserrechtskonzessionen stand im Kanton Schwyz von jeher den Bezirken zu. Das kantonale Wasserrechtsgesetz von 1908, das ihnen diese Befugnis ausdrücklich zuweist, hat "hiemit lediglich das schon vorher bestandene Gewohnheitsrecht bestätigt" (S. 86).

*

82 II 120 (15. März 1956) (74) Beweisregel (Saumrecht)
(Kantonales Privatrecht, Nichtigkeitsbeschwerde gemäss Art. 68, Abs. 1, lit. a OG)

In diesem Urteil, das über den Bestand einer altrechtlichen Wegdienstbarkeit, eines Saumrechtes im Kanton Appenzell Innerrhoden entscheidet,

73) Zitate: 56 I 42; nicht veröffentlichte Urteile vom 20. Januar 1949 i.S. Forrer, E. 5 lit. b und dortige Zitate und BGE vom 17. Juni 1953 i.S. Billeter, S. 16.

74) vgl. Liver, Besprechung des Urteils in ZBJV 94, 49 ff.; derselbe, Komm. zu Art. 740, N 53 (S. 522), N 61 ff.

bemerkt das Bundesgericht nebenbei, mit dem Erlass von Art. 106, Abs. 4 EGzZGB im Jahre 1911 sei altes kantonales Gewohnheitsrecht, das "auf ständiger, als rechtmässig betrachteter Uebung" beruhte, in gesetztes Recht übergeführt worden (S. 127). Die Bestimmung sieht vor, dass bei streitigen Rechtsansprüchen im Zweifelsfalle die "Fahr- und Wegberechtigung" als vorhanden betrachtet wird.

*

83 II 345 (17. Juni 1957) Rechtsmissbrauch

Zum Tatbestand:

Der Kläger erhebt die Einrede, das bernische Handelsgericht habe die bundesrechtliche Norm des Art. 2 ZGB zu Unrecht auf kantonales Prozessrecht angewendet.

Aus den Erwägungen (S. 348/9):

"Was Art. 2 ausspricht, ist ein Grundsatz allgemeinster Art, ein 'Leitstern der Gesetzesanwendung' überhaupt (Egger, N 6 Art. 2 ZGB), eine 'Schranke aller Rechtsausübung' (45 II 398), also eine zu den die einzelnen Rechtsverhältnisse betreffenden Normen hinzutretende, sie ergänzende und ihre Anwendung mitbestimmende, aus ethischer Betrachtung geschöpfte Grundregel. Diese war schon längst vor Erlass des schweizerischen ZGB als Bestandteil der allgemeinen Rechtslehre anerkannt und wurde als Gewohnheitsrecht oder gestützt auf mehr oder weniger weit gefasste gesetzliche Bestimmungen angewendet sowohl im Gebiete des Privatrechts wie auch in andern Rechtsgebieten."

Das Bundesgericht erklärt es als zulässig, "Art. 2 ZGB als subsidiären Grundsatz des kantonalen Gewohnheitsrechts anzuwenden".

Das angefochtene Urteil hat "neben der formellen bundesrechtlichen Gesetzesvorschrift des Art. 2 ZGB das darin enthaltene allgemeine Rechtsprinzip auch als kantonales Gewohnheitsrecht (Gerichtsgebrauch) zur Geltung gebracht, den Entscheid also auf den richtigen Rechtsboden gestellt".

*

83 I 173 (26 juin 1957) (75) Suffrage féminin

Zum Tatbestand:

Nach Art. 23 der Staatsverfassung des Kantons Waadt sind "tous les Suisses" mit zurückgelegtem 20. Altersjahr wahl- und stimmberechtigt. Einige hundert Waadtländerinnen verlangten die Eintragung ins Stimmregister, da ihnen Kraft der Rechtsgleichheit das aktive Wahl- und das Stimmrecht jetzt schon zukomme; die Staatsverfassung brauche nicht revidiert zu werden, sondern es sei lediglich die Aenderung der Auslegung notwendig.

75) Vgl. im gleichen Sinne: BGE vom 29. April 1965, ZBl 66 (1965), 264.

Aus den Erwägungen:

Dauert eine absolut beständige Rechtsübung (pratique absolument constante) seit vielen Jahren, so dass sie den Charakter "d'une sorte de coutume" annimmt, dann bekräftigt sie den vom historischen Gesetzgeber gegebenen Sinn in besonderem Masse. Unter diesen Umständen ist der Richter nicht nur durch den Wortlaut des Rechtssatzes gebunden, sondern ebenfalls durch die Uebung, die der Norm stets den gleichen Sinn verliehen hat. In einem solchen Fall ist eine Norm, deren Wortlaut zwar unklar und auslegungsbedürftig ist, einem Rechtssatz gleichzustellen, den der Gesetzgeber in eine eindeutige und klare Form gekleidet hätte!"Le juge ne se trouve plus en présence d'un texte seulement mais d'un texte doublé d'un usage. Il est alors lié tout comme il l'est par une disposition qui ne souffre aucune interprétation parce qu'elle possède un sens absolument clair."

*

83 I 242 (25. September 1957) Bedürfnisklausel (b)

Zum Tatbestand:
(§ 1 und § 15 Wirtschaftsgesetz)

Der Regierungsrat vertritt auch in diesem Verfahren den Standpunkt, es sei im Kanton Schwyz zum Gewohnheitsrecht geworden, die Bedürfnisklausel des § 15 WG ebenfalls auf den Kleinvertrieb geistiger Getränke anzuwenden.

Aus den Erwägungen:

(E. 2, S. 246 ff.) Die Anwendung der Bedürfnisklausel für Wirtschaften auf Kleinhandelsstellen kann nicht auf einer Auslegung des Gesetzes beruhen, sondern nur auf Gewohnheitsrecht.

Nach den Akten erteilt der Regierungsrat in der Tat seit dem Jahre 1920 keine Bewilligung für den Kleinhandel mit geistigen Getränken, ohne die Bedürfnisfrage abgeklärt zu haben. Abgesehen vom Fall Canonica (76) scheint diese Uebung nie angefochten worden zu sein. Die kantonale Instanz konnte auch hier annehmen, es liege eine während längerer Zeit geübte und von der Rechtsüberzeugung der Bürger getragene Regel vor, die nach Rechtsprechung und Lehre als Gewohnheitsrecht zu bezeichnen ist (77).

"Wie der Staatsgerichtshof wiederholt ausgeführt hat, ist das Gewohnheitsrecht grundsätzlich auch auf dem Gebiet des öffentlichen Rechts als Rechtsquelle anzuerkennen (78). Dabei ist allerdings insbesondere bei Eingriffen in Freiheitsrechte grosse Zurückhaltung am Platze (79). Dass die allge-

76) BGE vom 11. März 1938 i.S. Canonica.

77) Zitat: 81 I 34 und die dort angeführten Urteile

78) Zitate: 35 I 466, E. 4; 45 I 54; 73 I 345, E. 3 b; 74 I 45, 176; 81 I 34.

79) Zitate: 73 I 345 E. 3b, 74 I 176 sowie die in 81 I 34 genannten nicht veröffentlichten Urteile.

meinen Voraussetzungen für die Anerkennung von Gewohnheitsrecht auf dem Boden des öffentlichen Rechts, wie sie die Rechtsprechung umschrieben hat, im vorliegenden Fall gegeben sind, bestreitet die Beschwerdeführerin nicht, wie sie auch nicht einwendet, das schwyzerische Recht stelle an diese Anerkennung besondere Anforderungen, die hier nicht erfüllt seien."

(E. 3) Streitig ist demnach einzig, ob die sich auf Gewohnheitsrecht stützende Anwendung der Bedürfnisklausel von Art. 32quater Abs. 1 BV standhalte (80). Verweist das Bundesrecht die Kantone auf den "Weg der Gesetzgebung", so ist ihnen jedenfalls untersagt, den betreffenden Gegenstand durch Verordnungsorgane (Verwaltung und Gerichte) regeln zu lassen.

"Das schliesst indes die Zulassung von Gewohnheitsrecht nicht aus. Auch wenn dieses, wie hier, auf Verwaltungsgebrauch zurückgeht, ist es nicht einfach als Ausdruck des Willens der Verwaltung zu bewerten. Die Verwaltungsbehörden allein können Gewohnheitsrecht nicht zur Entstehung bringen. Ihre langjährige Uebung ist lediglich ein Zeugnis für die Uebereinstimmung der von ihnen aufgestellten Regeln mit der in der Rechtsgemeinschaft herrschenden Rechtsüberzeugung. Diese opinio necessitatis aber ist der eigentliche oder zum mindesten doch der entscheidende rechtsbildende Faktor (81). Das rechtfertigt es, auch das auf Verwaltungsgebrauch zurückgehende Gewohnheitsrecht als originäre Rechtsquelle zu bezeichnen, die als solche - trotz eines gewissen Vorranges des formellen Gesetzes (82) - der Gesetzesstufe zuzurechnen ist (83). Für diese Einordnung spricht ferner allgemein, dass sich gerade in den Kantonen der Kreis der Rechtsgenossen, von deren Rechtsüberzeugung das Gewohnheitsrecht getragen wird, weitgehend mit dem Kreis der Stimmberechtigten deckt, die das letzte Wort bei der Annahme der (formellen) Gesetze haben (84)."

Nach der (allgemeinen) Feststellung, dass das Gewohnheitsrecht auf der Gesetzesstufe steht, ist noch zu prüfen, ob es im vorliegenden Fall vor Art. 32quater Abs. 1 BV standhalte. Soweit die Bundesverfassung die Kantone auf den "Weg der Gesetzgebung" verweist, ist dieses Erfordernis nicht nur durch den Erlass eines (formellen) Gesetzes, sondern auch durch Gewohnheitsrecht erfüllt. Dasselbe gilt für "Eingriffe in Freiheitsrechte". In beiden Fällen ist die Verordnung als Rechtsgrundlage ausgeschlossen. Für "sonstige Einschränkungen verfassungsmässiger Rechte" hingegen verlangen Rechtsprechung und

80) Die Bestimmung lautet: Die Kantone können auf dem Wege der Gesetzgebung die Ausübung des Wirtschaftsgewerbes und des Kleinhandels mit geistigen Getränken den durch das öffentliche Wohl geforderten Beschränkungen unterwerfen. Als Kleinhandel... gilt...

81) Zitat: Liver, Der Begriff der Rechtsquelle, ZBJV 91bis, S. 24; Schoen, Verwaltungsarchiv, Bd. 28, S. 6ff.

82) Zitate: vgl. 74 I 176; Liver, a.a.O., S. 50.

83) Zitat: Forsthoff, Verwaltungsrecht, 6. Aufl., S. 133.

84) Zitat: vgl. Liver, a.a.O, S. 24 A. 1.

Lehre lediglich eine "materielle gesetzliche Grundlage". Als solche anerkennt der Staatsgerichtshof "neben dem formellen Gesetz nicht nur das Gewohnheitsrecht (85), sondern auch die selbständige oder auf gesetzlicher Ermächtigung beruhende Rechtsverordnung".

Der Vorbehalt des "Weges der Gesetzgebung" schliesst, wie erwähnt, die Verordnung als Grundlage der Bedürfnisklausel aus. Im Rahmen von Art. 32quater, Abs. 1 BV geniesst der Bürger also den gleichen Schutz, wie wenn es sich um den Eingriff in ein Freiheitsrecht handelte. Es rechtfertigt sich deshalb nicht, die formellen Anforderungen an die Einführung der Bedürfnisklausel "noch weiter zu verschärfen" und dem Gewohnheitsrecht die Anerkennung als Rechtsgrundlage zu versagen. "Warum der Bürger auf diesem Gebiet eines so viel stärkeren Schutzes bedürfte als bei anderweitigen Eingriffen in Freiheitsrechte, ist nicht einzusehen. Den Kantonen kann es deshalb nicht verwehrt sein, den Kleinhandel mit geistigen Getränken auf Grund eines die einschlägigen Gesetzesbestimmungen ergänzenden Gewohnheitsrechts den durch das öffentliche Wohl geforderten Beschränkungen zu unterwerfen."

*

84 I 89 (14. Mai 1958) Warenverkaufsautomaten

Zum Tatbestand:

Das st. gallische Gesetz über den Marktverkehr und das Hausieren vom 28. Juni 1887 enthält keine Vorschrift über den Warenverkauf mit Automaten.

Die am 8. Mai 1942 erlassene Vollzugsverordnung (VV) bestimmt in Art. 16:
"Der Betrieb von automatischen Apparaten, durch welche Waren an öffentlichen Orten, Wirtschaften, Bahnhöfen usw. verkauft werden, ist ebenfalls patentpflichtig.
Die Gebühr beträgt..."

Entsprechende Bestimmungen, jedoch mit anderen Gebührenansätzen, waren schon in den Vollzugsverordnungen vom 3. Juli 1903 und vom 31. Dezember 1920 enthalten.

Der Regierungsrat erklärt u.a. in seiner Vernehmlassung, das Gesetz von 1887 sei, von der Erhöhung der Patenttaxen abgesehen, trotz der seitherigen wirtschaftlichen Entwicklung nie revidiert worden, was der Entstehung von Gewohnheitsrecht von vornherein günstig gewesen sei. In den Vollzugsverordnungen seien die Warenautomaten seit 1903 patentpflichtig erklärt worden. Der im Jahre 1935 aufgestellte Entwurf eines neuen Warenhandelsgesetzes habe die Patentpflicht ausdrücklich vorgesehen; das Volk habe dieses Gesetz zwar verworfen, jedoch nicht wegen der Patentpflicht für Automaten, die nicht umstritten gewesen sei...

85) Zitate: 35 I 446 E. 4; 45 I 54; 73 I 345 E. 3b; 74 I 45; 81 I 34.

Aus den Erwägungen:

Nach einem feststehenden allgemeinen Rechtssatz, dessen Missachtung einen Verstoss gegen Art. 4 BV bedeutet, dürfen namentlich Steuern und andere öffentliche Abgaben nur erhoben werden, wenn eine gesetzliche Grundlage besteht.

Da der Warenverkauf durch Automaten im Gesetz von 1887 nicht vorgesehen ist, "kann sich Art. 16, Abs. 2 VV jedenfalls nicht auf den Wortlaut des Gesetzes stützen... Indessen liegt darin, dass ein Steuergesetz gewisse Tatbestände, die Anlass zur Besteuerung geben können, nicht erwähnt, keine Lücke, die durch eine Vollzugsverordnung ausgefüllt werden könnte..."

(E.4) Das Gewohnheitsrecht ist "grundsätzlich" auch auf dem Gebiet des öffentlichen Rechts als Rechtsquelle anzuerkennen. Dabei ist jedoch "grosse Zurückhaltung geboten, was unter anderm bedeutet, dass an die Voraussetzungen für die Entstehung von Gewohnheitsrecht, d.h. an die Regelmässigkeit und lange Dauer der Uebung und an die ihr zugrunde liegende Rechtsüberzeugung, strenge Anforderungen zu stellen sind (86)".

"Ob auch steuerrechtliche Pflichten des Bürgers durch Gewohnheitsrecht begründet und neue Steuern durch solches eingeführt werden können, was Blumenstein (Steuerrecht S. 23/24 und System S. 13) mit Nachdruck bestreitet, wurde noch nie entschieden und erscheint als zweifelhaft. Die Gründe, welche die Zulassung ergänzenden Gewohnheitsrechts auch im Gebiete des öffentlichen Rechts rechtfertigen, nämlich das Bestehen einer (echten) Lücke im Gesetz und das unabweisliche Bedürfnis nach einer Regelung (87), dürften, soweit der Bestand oder Umfang von Abgabepflichten in Frage steht, kaum je gegeben sein und treffen jedenfalls vorliegend nicht zu,.. Ob gleichwohl wenigstens ohne Willkür angenommen werden könnte, eine Abgabe wie die streitige Patentgebühr auf Warenverkaufsautomaten könne auf Grund eines Gewohnheitsrechts erhoben werden, braucht nicht entschieden zu werden, da an die Bildung solchen Gewohnheitsrechts besonders strenge Anforderungen zu stellen wären, die im vorliegenden Falle nicht erfüllt sind."

Seit 1903 wurde für den Betrieb eines Warenverkaufsautomaten im Kanton St. Gallen ein Patent gelöst und die entsprechende Gebühr bezahlt; eine einzige Beschwerde hat der Regierungsrat im Jahre 1927 abgewiesen. "Eine so lange Uebung dürfte, was die Dauer betrifft, für die Bildung von Gewohnheitsrecht selbst dann genügen, wenn wie hier die Begründung einer Abgabepflicht in Frage steht. Auch eine noch so gefestigte und langjährige Uebung erzeugt jedoch nur Gewohnheitsrecht, wenn die Rechtsüberzeugung hinzutritt; auf diese kommt es entscheidend an (88)."

86) Zitate: 83 I 247; 73 I 345/6.

87) Zitate: 73 I 346; Fleiner, Institutionen S. 87.

88) Zitate: 83 I 248/9 und dort zitiertes Schrifttum; Egger, N 28 zu Art. 1 ZGB.

"Die Entstehung von Gewohnheitsrecht auf dem Gebiet des öffentlichen Rechts setzt voraus, dass nicht nur die rechtsanwendenden Behörden, sondern auch die vom angewandten Grundsatz Betroffenen davon überzeugt sind, dass dieser auch wirklich Recht ist (89). Für die Bildung von Gewohnheitsrecht als Grundlage einer Abgabepflicht kann das jedoch nicht genügen, sondern muss verlangt werden, dass die Rechtsüberzeugung bei der ganzen Rechtsgemeinschaft oder doch bei einem beträchtlichen Teil derselben besteht (90)."

Im vorliegenden Fall war die Rechtsüberzeugung zu wenig verbreitet, um ein Gewohnheitsrecht zu begründen. Aus der Aufstellung des st. gallischen Patentamtes ergibt sich, dass von 1935 bis 1951 nur 6 Firmen von der Abgabepflicht betroffen waren. Darunter befand sich an erster Stelle eine nicht im Kanton St. Gallen niedergelassene Unternehmung, die Schweiz. Automatengesellschaft AG in Bern mit 72 von insgesamt 77 Automaten. Selbst wenn alle 6 Firmen Art. 16 VV als verbindliche Norm anerkennen würden, wäre dies unzureichend. - Von 1952 bis 1957 hat die Zahl der Firmen wohl bis auf 200 zugenommen, jedoch in einem Zeitraum, der für die Bildung von Gewohnheitsrecht ausser Betracht fällt. Ausserdem ist ein neues Warenhandelsgesetz, das die Abgabepflicht ausdrücklich vorsah, im Jahre 1938 von der Mehrheit der Stimmberechtigten verworfen worden.

"Der Umstand, dass die Vollzugsverordnungen des Regierungsrates jeweils in der Gesetzessammlung publiziert worden sind, vermag eine Rechtsüberzeugung der Allgemeinheit ebensowenig darzutun wie die Aufnahme der Patentgebühren in das jährlich dem Grossen Rat vorgelegte Staatsbudget."

Die Annahme eines Gewohnheitsrechts ist demnach willkürlich.

*

84 I 178 (26. September 1958; Verwaltungsgerichtsbeschwerde) — Verrechnungssteuer

Zum Tatbestand:

Nach Art. 7, Abs. 1 VStB ist für die Rückerstattung der Verrechnungssteuer "das Recht zur Nutzung des den steuerbaren Ertrag abwerfenden Vermögenswertes" massgebend.

Aus den Erwägungen:

In ihrer Vernehmlassung beruft sich die Eidg. Steuerverwaltung auf eine von Art. 7, Abs. 1 VStB abweichende "Sonderordnung", die im Kreisschreiben Nr. 1121 der Schweizerischen Bankiervereinigung festgehalten ist. Da-

89) Zitat: Peters, Lehrbuch der Verwaltung S. 80.

90) Zitat: Forsthoff, Verwaltungsrecht, 6. Auflage S. 132, wo für das Gewohnheitsrecht im Verwaltungsrecht generell eine "von der Allgemeinheit getragene Rechtsüberzeugung" verlangt wird.

nach wird bei Termingeschäften der Anspruch auf Rückerstattung demjenigen zuerkannt, der im Zeitpunkt des Couponverfalls Besitzer der Titels war.

"Die Steuerverwaltung führt aus, die 'Sonderordnung' solle die Gefahr mehrfacher Rückerstattung beseitigen; sie habe sich bewährt und werde anstandslos befolgt, weshalb bisher unterlassen worden sei, sie gemäss Art. 22, lit. d oder c VStB (91) in einer Verfügung des Eidg. Finanz- und Zolldepartements zu kodifizieren; sie stehe dem Gewohnheitsrecht zumindest nahe. Indessen muss der Gerichtshof sich an die Regelung im Gesetz halten; eine mit ihr nicht im Einklang stehende 'Sonderordnung' kann für ihn nicht massgebend sein."

*

84 II 187 (20. Februar 1958) Frist

Wann ist eine amtlich angesetzte Frist abgelaufen?

Hier handelt es sich um die Monatsfrist, die Art. 13 und 14 EGG (BG über die Erhaltung des bäuerlichen Grundbesitzes vom 12. Juni 1951) dem Vorkaufsberechtigten für die Abgabe der Ausübungserklärung einräumen.

Das Bundesgericht antwortet:

"Es drängt sich auf, für die Frage der Wahrung dieser amtlich anzusetzenden Frist die im Verfahrensrecht des Bundes (insbesondere Art. 32, Abs. 3 OG) und in zahlreichen Prozessgesetzen der Kantone aufgestellte, geradezu allgemeines schweizerisches öffentliches Gewohnheitsrecht gewordene Regel anzuwenden, wonach es zur Wahrung einer Frist für Eingaben an Behörden und andere amtliche Stellen genügt, wenn der an die betreffende Stelle adressierte Brief noch binnen der Frist der schweizerischen Post übergeben worden ist -81 IV 321 (92) . Und zwar ist als Endpunkt der gemäss Art. 13/14 EGG dem Vorkaufsberechtigten anzusetzenden Monatsfrist das Ende (24 Uhr) des letzten Tages zu betrachten, entsprechend Art. 32, Abs. 3 OG,..."(93) (94) .

*

91) Diese Bestimmungen ermächtigen das Eidg. Finanz- und Zolldepartement, in Ausführung des VStB allgemeine Vorschriften für die Rückerstattung der Verrechnungssteuer zu erlassen.

92) Dieses Urteil vom 22. Dezember 1955 erklärt Art. 32, Abs. 2 OG für die Frist zur Einreichung des Strafantrages nach Art. 29 StGB anwendbar. Die Regelung im Sinne des OG sei in verschiedenen Bundesgesetzen (OG, BZP, BStP, SchKG) enthalten und habe sich "in der Praxis eingelebt und die Bedeutung eines allgemein gültigen Grundsatzes erlangt".

93) Das Bundesgericht verweist ebenfalls auf das Kreisschreiben des Eidg. Justiz- und Polizeidepartementes an die kantonalen Aufsichtsbehörden über das Zivilstandswesen vom 6. Dezember 1917 (BBl 1917 IV S. 877 ff.), das in Ziff. 3 den Ablauf der Frist für die Anmeldung des Einspruches gegen die Eheschliessung nach Art. 102 und 112 ZGB im Sinne dieses BGE regelt.
Vgl. auch 53 II 98 E. 1; BGE vom 7. März 1947, Archiv für schweiz. Abgaberecht, Bd. 16, S. 91, E.1.

94) Vgl. Besprechung dieses Urteils: Liver, ZBJV 95, 447 ff.

85 I 81 (29. April 1959) Reserven

Zum Tatbestand:

Nach § 31 Ziff. 6 (95) des solothurnischen Gesetzes betreffend die direkten Staats- und Gemeindesteuern vom 24. September 1939 gelten als steuerbares Kapital der Kapitalgesellschaften, der Versicherungsgesellschaften auf Gegenseitigkeit und der Genossenschaften, das für die Berechnung des Verhältniskapitals herangezogen wird, "überdies die Eigenkapital darstellenden offenen und stillen Reserven".

§ 43 der Vollziehungsverordnung (VV) führt dazu aus:

"Zur Berechnung des Verhältnisses vom steuerbaren Ertrag zum steuerbaren Kapital können nur solche stillen Reserven herangezogen werden, die bei ihrer Bildung als Einkommen versteuert wurden."

Aus den Erwägungen:

§ 43 VV, der nur die bei ihrer Bildung als Ertrag versteuerten Reserven für die Berechnung des Verhältniskapitals berücksichtigt, ist gesetzwidrig (96).

"Der in der Vernehmlassung der Rekurskommission erhobene Einwand aber, es habe sich durch die ständige und unangefochtene Anwendung des § 43 VV ein entsprechendes Gewohnheitsrecht entwickelt, erweist sich schon darum als unbegründet, weil der angeführte Umstand allein noch keinen Beweis dafür bildet, dass die Uebung der Steuerbehörden die allgemeine Rechtsüberzeugung für sich habe (97)..."(98).

*

85 I 103 (20. Mai 1959) Interkantonale Rechtshilfe

Zum Tatbestand:

Art. 352 StGB verpflichtet die Kantone zur gegenseitigen Rechtshilfe in Strafsachen. Diese durch geschriebenes Bundesrecht begründete Rechtshilfepflicht ist jedoch, wenn man von der Vollstreckung der auf Grund des kantonalen Uebertretungsstrafrechts ergangenen Urteile mit Bezug auf Bussen, Kosten usw. (Art. 380 StGB) absieht, beschränkt auf Strafsachen, die nach eidgenössischem Recht zu beurteilen sind.

95) und nicht, wie irrtümlich im BGE, § 32, der das Steuermass festsetzt.

96) Zitat: in diesem Sinne auch I. Blumenstein, Kommentar zum bernischen Gesetz über die direkten Staats- und Gemeindesteuern vom 29. Oktober 1944, S. 333, N. 2 e,

97) Zitat: 84 I 97.

98) Das neue geltende StG vom 29. Januar 1961 bestimmt jetzt in § 63, dass zum steuerbaren Kapital nur die "als Ertrag versteuerten Reserven" gerechnet werden. Damit ist die erforderliche gesetzliche Grundlage geschaffen.

In diesem Falle war streitig, ob die Kantone auch für die Durchsetzung von kantonalem Steuerstrafrecht, das den Kantonen nach Art. 335 Ziff. 2 StGB ausdrücklich vorbehalten ist und nicht unter Art. 380 StGB fällt, gegenseitig zur Rechtshilfe verpflichtet sind.

Aus den Erwägungen:

Die bundesgerichtliche Rechtsprechung hat "von jeher anerkannt, dass zwischen den Kantonen eine von besondern Vereinbarungen und Gegenrechtserklärungen unabhängige allgemeine Rechtshilfepflicht in Strafsachen auch bei kantonalrechtlichen Vergehen bestehe (99)".

Schon das Konkordat vom 7. Juni 1810 über die gegenseitige Stellung der Fehlbaren in Polizeifällen (100) erklärt, dass die Rechtshilfepflicht in Strafsachen aus "alt-eidgenössischer Uebung" hervorgegangen ist. Art. 1 des Bundesgesetzes vom 2. Februar 1872 betreffend Ergänzung des Auslieferungsgesetzes (101), der die Kosten- und Gebührenfreiheit der Rechtshilfe (Untersuchungshandlungen, Vorladungen von Zeugen usw.) anordnet, schreibt die Rechtshilfepflicht nicht erst vor, sondern setzt sie vielmehr als gegeben voraus.

Diese gewohnheitsrechtliche Rechtshilfepflicht ist heute "unbedenklich zu bejahen, da die Voraussetzungen für die Entstehung von Gewohnheitsrecht offensichtlich erfüllt sind. Die interkantonale Rechtshilfepflicht in Strafsachen ist, wie schon 1810 festgestellt worden ist, aus 'alt-eidgenössischer Uebung' hervorgegangen, besteht also seit unvordenklicher Zeit. Die Regelmässigkeit der Uebung und die ihr zugrunde liegende Rechtsüberzeugung ergeben sich daraus, dass die Rechtshilfepflicht während der 70-jährigen Geltungsdauer des erwähnten Gesetzes von 1872 sogar gesetzlich festgelegt war, dass Anstände während dieser Zeit, in welcher der Rechtshilfe in kantonalen Strafsachen keine geringe Bedeutung zukam, äusserst selten waren und dass das Bundesgericht in den wenigen Fällen, wo es solche Anstände zu beurteilen hatte, die Rechtshilfepflicht jeweils anerkannt hat (102). Auch die Rechtslehre hat stets eine (meist ausdrücklich als gewohnheitsrechtlich bezeichnete) allgemeine Rechtshilfepflicht der Kantone in Strafsachen angenommen, und zwar sowohl vor wie nach dem Erlass und Inkrafttreten des StGB (103)."

99) Zitate: 12 S. 48, 36 I 51; 53 I 306.

100) Konkordat wegen gegenseitiger Stellung der Fehlbaren in Polizeifällen vom 7. Juni 1810, bestätigt am 9. Juli 1818 (Aeltere offiz. Sammlung, Bd. I, 1815-1819, S. 306): "Die concordierenden Stände wollen, bei allgemein anerkannten Polizeivergehen, die aus alt Eidg. Uebung hervorgegangene Stellung der Schuldigen, auf förmliche Requisition hin, gestatten". - Diesem Konkordat sind 20 Kantone und Halbkantone beigetreten; Aargau und Tessin haben die Ratifikation, Waadt und Wallis das Referendum vorbehalten. Einzig der Kanton Genf hat den Beitritt abgelehnt.

101) BG vom 24. Juli 1852 über die Auslieferung von Verbrechern oder Angeschuldigten.

102) Zitate: 12 S. 48; 36 I 51; 53 I 306.

103) Zitate: Thormann, ZSR 1928 S. 17 a und 19 a; Piller, ZSR 1928 S. 143a; Burckhardt, Komm. zur BV, 3. Aufl. 1931 S. 605; Waiblinger, Das Strafverfahren für den Kanton Bern 1937, N 2 zu Art. 25; Ruck, Schweiz. Bundesstaatsrecht, 3. Aufl. 1957, S. 266.

Das StGB hat an der gewohnheitsrechtlichen Rechtshilfepflicht der Kantone nichts geändert. "Sie hat ihren innern Grund in der engen Verbundenheit der Kantone als Mitglieder eines Bundesstaates und in ihrem gemeinsamen Interesse am Schutz der öffentlichen Ordnung und an der Verfolgung strafbarer Handlungen (104)".

*

85 II 243 (29. September 1959) Weidnutzungsrechte

Der Hauptpunkt dieses Urteils ist die Anwendung von Art. 56 OR (Tierhalterhaftung). Nebenbei übernimmt das Bundesgericht ohne besondere Erörterungen die Feststellung des bernischen Appellationshofes, wonach die Weidnutzungsrechte der Grundeigentümer (droit de libre parcours) in den Freibergen auf alt-hergebrachtem Gewohnheitsrecht beruht: "vieilles coutumes en usage dans le Jura bernois (105)."

*

23. Dezember 1959 i.S. Hofer Unvereinbarkeit II
(Staatsrechtliche Abteilung; Willkürbeschwerde gestützt auf Art. 4 BV)

Zum Tatbestand:

Nach Art. 46 der solothurnischen KV ist "die Stelle eines Richters mit derjenigen eines vom Staate angestellten und festbesoldeten Vollziehungsbeamten unvereinbar".

Der Beschwerdeführer ist Adjunkt (Angestellter) beim Oberamt Bucheggberg-Kriegstetten. Am 12. Juli 1959 wurde er zum Mitglied des Amtsgerichtes Bucheggberg-Kriegstetten gewählt.

Der Regierungsrat stellte mit Beschluss vom 18. August 1959 fest, dass die Aemter des Amtsrichters und des Adjunkten beim Oberamt unvereinbar seien und forderte den Rekurrenten auf, binnen 10 Tagen auf eines der beiden Aemter zu verzichten. Der Regierungsrat verweist auf Art. 46 und Art. 4 KV, der die Gewaltentrennung vorschreibe. Als Adjunkt beim Oberamt gehöre Hofer zu den Vollziehungsbeamten im Sinne von Art. 46 KV. "Vollziehungsbeamter" sei jeder hauptamtlich angestellte Staatsfunktionär, der nach dem Grundsatz der Gewaltentrennung der Exekutive angehöre.

Hofer behauptet in seiner Beschwerde gegen den Beschluss des Regierungsrates, es habe sich "in der solothurnischen Praxis die Rechtsüberzeugung durchgesetzt, dass unter 'Vollziehungsbeamten' nur Beamte im eigentlichen Sinne mit selbständiger Vollziehungsgewalt, nicht auch Angestellte der

104) Zitate: 36 I 54 und Piller, ZSR 1928 S. 142/43a.

105) Der Regierungsrat des Kantons Bern erklärte im Entscheid vom 12. Oktober 1945 (MBVR 44, 73 Nr. 31), dieses Nutzungsrecht der Grundeigentümer beruhe auf Gewohnheitsrecht: "en vertu du droit coutumier, et confirmés par les actes de classification dressés vers le milieu du siècle dernier". Und zwar handelt es sich nach dem Entscheid des Regierungsrates vom 6. August 1926 (MBVR 24, 354 Nr. 136) um eine Nutzung öffentlich-rechtlicher Natur: "un droit revêtant un caractère public".

Verwaltung zu verstehen seien. Der Regierungsrat selber habe schon einen blossen Verwaltungsbeamten, nämlich G., der wie der Beschwerdeführer Adjunkt auf einem Oberamt sei, im Jahre 1942 zum Jugendrichter gewählt, was auch 'die von der Doktrin für die Entstehung eines Gewohnheitsrechts verlangte opinio necessitatis' beweise...Ausser dem Beschwerdeführer und dem bereits genannten G. seien noch 12 (in der Beschwerde namentlich angeführte) Funktionäre der staatlichen Verwaltung als Richter tätig oder wenigstens als solche gewählt. Wie sich aus dem Falle G. ergebe, bestehe speziell kein Grund, die Funktionen eines Adjunkten beim Oberamt und eines Amtsrichters als unvereinbar zu betrachten. Das Oberamt und der Beschwerdeführer insbesondere hätten sich nicht mit der Vollziehung von Gerichtsurteilen zu befassen, sodass zwischen den beiden Funktionen keine Kollision bestehe, welche die Unvereinbarkeit begründen könnte."

Aus den Erwägungen:

Art. 46 Abs. 1 KV ist auf Beamte der vollziehenden Gewalt schlechthin anwendbar und nicht nur auf Beamte, die sich mit der Vollstreckung von Gerichtsurteilen befassen. Unter Beamten sind solche im weitern Sinne zu verstehen, also auch diejenigen, die in einem öffentlich-rechtlichen Dienstverhältnis zum Gemeinwesen stehen und die mit Rücksicht auf ihre mehr untergeordneten Verrichtungen zuweilen als Angestellte bezeichnet werden.

(E. 7, lit. a, S. 12 - 14) "Nach der Rechtsprechung des Bundesgerichts spielt das Gewohnheitsrecht im öffentlichen Recht und namentlich im Verfassungsrecht nur eine sehr beschränkte Rolle; insbesondere vermag es die geschriebene Verfassung nicht abzuändern, sondern nur Lücken derselben auszufüllen (106). Art. 46 Abs. 1 KV enthält aber keine Lücke; es fragt sich nur, wie diese Bestimmung auszulegen ist. Die lange Uebung vermag daher wohl ein Indiz für die richtige Auslegung zu bilden, nicht aber ein von der Vorschrift abweichendes oder sie einschränkendes Gewohnheitsrecht zu begründen. Indessen hat der Beschwerdeführer nicht dargetan, dass die von ihm befürwortete Auslegung von Art. 46 Abs. 1 KV auf einer lange dauernden Uebung beruhe, geschweige denn auf einer allgemein im Kanton Solothurn herrschenden Ueberzeugung, eine strenge Anwendung der Bestimmung gehe zu weit. Dieser Beweis lässt sich mit den vom Beschwerdeführer genannten 13 Fällen nicht erbringen. Adjunkt H. ist gleichzeitig Gemeindebeamter, nämlich Gemeindeammann, und als solcher von Amtes wegen Stellvertreter des Obmanns des Vermittlungsamtes beim gewerblichen Schiedsgericht des Bezirks Kriegstetten; es liegt somit ein besonderer Fall vor, aus dem sich keine Schlüsse auf die behauptete langjährige Uebung in der Auslegung von Art. 46 Abs. 1 KV ziehen lassen. Drei weitere Fälle fallen ausser

106) Zitate: 74 I 176 und Urteil i.S. Affolter vom 7. Dez. 1949.

Betracht, weil die Betreffenden nicht Richter, sondern Aktuare bei gewerblichen Schiedsgerichten und daneben nicht Vollziehungs-, sondern Gerichtsbeamte sind (S., W.) oder weil sie nicht staatliche Funktionäre sind (L.). Ob von den verbleibenden 9 Fällen einige weitere dem Regierungsrat aus den von ihm in der Beschwerdeantwort (S. 8/10) geltend gemachten Gründen nicht entgegengehalten werden können, kann dahingestellt bleiben. Wenn auch bei dem im Jahre 1942 vom Regierungsrat selber gewählten Jugendrichter G. und bei der dem Adjunkten M. am 16. Februar 1956 vom damaligen Vorsteher des Justizdepartements erteilten Auskunft die Unvereinbarkeitsbestimmung des Art. 46 Abs. 1 KV nicht angewendet worden ist, so lässt sich mit diesen und eventuellen weiteren der 9 verbleibenden Fälle noch keine langjährige Uebung und allgemeine Rechtsüberzeugung mit Bezug auf die Notwendigkeit einer einschränkenden Auslegung im Sinne der vom Beschwerdeführer vertretenen Auslegung dartun, zumal er mit Ausnahme der Fälle G., B. und M. keine Zeitangaben macht."

*

86 II 243 (18. Februar 1960) Grunddienstbarkeit

Aus den Erwägungen (S. 252/3):

Das Bundesgericht nimmt "so im Vorbeigehen zu der praktisch wichtigsten Frage des modernen Dienstbarkeitsrechtes Stellung" (107) und erweckt den Anschein, ein reines Konkurrenzverbot, eine Beschränkung der persönlichen Handlungs- und Bewegungsfreiheit (und nicht des Eigentumsrechtes) könne Inhalt einer Grunddienstbarkeit sein:

"Man kann sich sogar fragen, ob eine solche einzig im Sinn eines Konkurrenzverbotes vereinbarte Gewerbebeschränkung sich überhaupt als Grunddienstbarkeit verdinglichen lasse... Indessen ist grundsätzlich an der in der Schweiz herrschend gewordenen Ansicht festzuhalten, die angesichts der zahlreichen Dienstbarkeiten solcher Art geradezu gewohnheitsrechtliche Bedeutung gewonnen hat..."

*

87 I 10 (1. März 1961) Handänderungsgebühr

Zum Tatbestand:

Der Regierungsrat des Kantons Solothurn sucht seine willkürliche Auslegung des Gesetzes über Handänderungsgebühren von Erbschaften vom 13. Dezember 1848 mit einer "jahrzehntelangen Praxis" zu stützen.

Aus den Erwägungen:

Dieser Praxis käme nur Bedeutung zu, "wenn sich dadurch ein Gewohnheitsrecht entwickelt hätte (108). Der Regierungsrat behauptet jedoch kein

107) Liver, ZBJV 97, 380 ff. (ausführliche und kritische Besprechung dieses Urteils).

108) Zitate: 84 I 97, 85 I 88.

solches, sondern erklärt in der Beschwerdeantwort vielmehr ausdrücklich, er nehme kein Gewohnheitsrecht für sich in Anspruch" (E. 2, S. 18).

*

87 I 100 (3. Mai 1961) Rechtsbot

Das Bundesgericht stellt fest, dass eine gewisse Praxis der glarnerischen Gerichte im Zusammenhang mit dem Rechtsbot (§ 328 ZPO) gegen den klaren Wortlaut der Zivilprozessordnung verstösst.

Es braucht aber nicht entschieden zu werden, ob diese Praxis "willkürlich und deshalb mit Art. 4 BV unvereinbar sei, oder ob sie, da nun 30 Jahre alt, als auf derogierendem Gewohnheitsrecht beruhend vor Art. 4 BV standhalte,... Selbst wenn keine Willkür vorliegen sollte, könnte diese Praxis nicht geschützt werden, da sie auf eine mit Art. 4 BV unvereinbare Verweigerung des rechtlichen Gehörs hinausläuft". (S. 109)

*

87 II 320 (19. Dezember 1961) Urheberrecht

Aus den Erwägungen:

Wenn sich die Parteien eines Prozesses während langer Jahre (seit 1936) an eine bestimmte gerichtliche Gesetzesauslegung gehalten haben, so führt diese Tatsache allein nicht zur Bildung von Gewohnheitsrecht und schliesst auch eine Aenderung der Rechtsprechung nicht aus.

"Inwieweit im vorliegenden Falle die Voraussetzungen für die Bildung eines Gewohnheitsrechtes überhaupt gegeben wären, kann dahingestellt bleiben; es genügt der Hinweis darauf, dass gemäss Art. 1 ZGB der Richter auf ein Gewohnheitsrecht nur zurückgreifen kann, wenn dem Gesetz keine Vorschrift zu entnehmen ist. Hier besteht aber eine gesetzliche Vorschrift, nämlich der Art. 4, Abs. 2 URG, ..." (S. 332).

*

88 III 42 (29. März 1962) SchKG-Verordnungsrecht

Aus den Erwägungen:

Die Verordnungsbefugnis des Bundesgerichts gestützt auf Art. 15, Abs. 2 SchKG besteht nur zur Vollziehung dieses Gesetzes.

"Ob gewisse von gesetzlichen Normen abweichende Verordnungsregeln die Geltung gewohnheitsrechtlicher Ausnahmen erlangen können"(109), kann im vorliegenden Falle offen bleiben.

*

109) Zitate: bejahend Favre, Cours de droit des poursuites, S. 52/53, und Fritzsche, SchKG I S. 37, während andere Autoren der Entstehung solchen Gewohnheitsrechts nur im Rahmen echter Gesetzeslücken Raum geben wollen; vgl. Höhn, Gewohnheitsrecht im Verwaltungsrecht, 1960, S. 29 ff.

88 II 252 (10. Mai 1962) Dienstbarkeitsvertrag

Aus den Erwägungen (S. 272):

Lücken des im Jahre 1904 abgeschlossenen "Vertrages sind nach den allgemeinen Normen des Gesetzes- und Gewohnheitsrechts auszufüllen, unterstehen somit in erster Linie dem Bundesrecht (110)".

*

88 III 98 (18. Juli 1962) Blankoakzept

Kann ein Blankowechsel (Blankoakzept) als Wertpapier gelten?

Aus den Erwägungen (S. 100):

"Als Beispiel eines der Ausfüllung fähigen Blankowechsels ist denn auch gerade das Blankoakzept im deutschen wie übrigens auch im schweizerischen Recht gemäss einem seit langer Zeit bestehenden Gewohnheitsrecht anerkannt (111)."

*

88 I 173 (19 septembre 1962) Garantie de la propriété

Aus den Erwägungen (S. 175/6):

Oeffentlich-rechtliche Eigentumsbeschränkungen müssen auf materieller gesetzlicher Grundlage beruhen. Darunter fallen nicht nur das Gesetz im formellen Sinne, sondern auch die kraft gesetzlicher Ermächtigung erlassene Rechtsverordnung und das Gewohnheitsrecht (une coutume) (112).

*

89 I 253 (5. Juni 1963) Genehmigungspflicht

Zum Tatbestand:

Die Verfassung des Kantons Basel-Stadt bestimmt in " § 39. Der Grosse Rat hat folgende Befugnisse:

...

e) die Bewilligung zur Veräusserung oder Verpfändung von Liegenschaften,

..."

Der Regierungsrat legt 9 Baurechtsverträge aus den Jahren 1942 - 1961 vor, mit denen er dartun will, dass auf Grund einer langjährigen Uebung für

110) Zitat: 86 II 247 ff. E. 3.

111) Zitate: vgl. die weite Fassung des Art. 10 des "Einheitlichen Wechselgesetzes", BS Band 11 S. 841, des Art. 10 des deutschen Wechselgesetzes und des Art. 1000 des schweizerischen OR; E. Jacobi, Wechsel- und Scheckrecht, Berlin 1955, S. 479; E. Jaeger, Kommentar zur Deutschen Konkursordnung, 8. Auflage, Berlin 1958, Anm. 16 zu § 1; BGE 13 S. 207, E. 4; R. Rosendorff, Das Wechselblankett, S. 1:"... Namensunterschrift des Ausstellers resp. des Acceptanten..."; A. Marcionelli, La cambiale in bianco, Diss. 1936, S. 16 ff.; Guhl, Das schweiz. OR, § 91 II a.

112) Zitate: 74 I 45; 87 I 453; 83 I 113.

die Bestellung von Baurechten an überbauten - wie auch an nicht überbauten - Grundstücken die Bewilligung des Grossen Rates nicht erforderlich sei, da es sich dabei nicht um die Veräusserung einer Liegenschaft im Sinne von Art. 39, lit. e KV handle. Diese "langjährige Uebung, die der Grosse Rat gekannt und stillschweigend gebilligt habe, sei,sofern sie nicht als ergänzendes Gewohnheitsrecht zu betrachten sein sollte, doch für die Auslegung der KV von erheblicher Bedeutung, zumal auch die entsprechenden für die Land- und Bürgergemeinden aufgestellten Gesetzesvorschriften in der Praxis gleich ausgelegt würden". (S. 267)

Aus den Erwägungen:

(E. 12, lit. b, S. 270) "Die Berufung auf diese Praxis ist indessen unbehelflich. Die Rechtsprechung des Bundesgerichts anerkennt zwar das Gewohnheitsrecht grundsätzlich auch auf dem Gebiete des öffentlichen Rechts als Rechtsquelle, übt dabei aber grosse Zurückhaltung (113). Insbesondere vermag das Gewohnheitsrecht das geschriebene Verfassungsrecht nicht abzuändern oder einzuschränken, sondern nur Lücken desselben auszufüllen (114). § 39 lit. e KV weist aber, wie bereits in Erw. 11 ausgeführt wurde, keine Lücke auf und ist, wie in Erw. 11 und 12 lit. a weiter dargelegt wurde, dahin auszulegen, dass darunter die Bestellung von Baurechten zwar nicht an unüberbautem Boden, wohl aber an Grundstücken, auf denen sich bereits Gebäude befinden, fällt. Die vom Regierungsrat...behauptete Praxis ist somit, jedenfalls was Baurechtsbestellungen an überbauten Liegenschaften betrifft, verfassungswidrig und könnte dem geschriebenen Verfassungsrecht selbst dann nicht entgegengehalten werden, wenn die für die Bildung von Gewohnheitsrecht erforderlichen Voraussetzungen erfüllt wären."

Die vorgelegten Baurechtsverträge sowie die angerufene Praxis der Land- und Bürgergemeinden brauchen deshalb nicht näher geprüft zu werden. "Uebrigens zeigen die Ausführungen im Bericht des Bürgerrates vom 29. April 1958, dass mit Bezug auf die Genehmigungspflicht für Baurechtsverträge in Basel Unsicherheit herrscht und von einer gefestigten einheitlichen Praxis nicht die Rede sein kann."

*

89 I 448 (4. Dezember 1963) Fakultatives Referendum

Zum Tatbestand:

Kurze Zeit nach Inkrafttreten des bern. Gemeindegesetzes vom 7. Dezember 1917 hat der Regierungsrat in einigen Entscheiden den Standpunkt eingenommen, dass die Einführung des fakultativen Referendums gegen das

113) Zitate: 83 I 247 und dort angeführte Urteile, 84 I 95.

114) Zitate: 74 I 176, nicht veröffentl. Urteile vom 7. Dezember 1949 i.S. Affolter Erw. 7 und vom 23. Dezember 1959 i.S. Hofer Erw. 7 a.

Gemeindegesetz verstosse (MBVR 18, 1920, S. 17 ff. und 180 ff.). Unter Hinweis auf "die über 40-jährige konstante Auslegungspraxis des Regierungsrates" wendet sich der Beschwerdeführer gegen die Einführung des fakultativen Referendums durch die neue Gemeindeordnung der Einwohnergemeinde Bern vom 1. September 1963 (Art. 18).

Aus den Erwägungen:

(E. 5, S. 457/8) "Dass sich ein das fakultative Referendum ausschliessendes Gewohnheitsrecht gebildet hätte, behauptet der Beschwerdeführer mit Recht nicht, da jene Entscheide und der Umstand, dass seither keine Gemeinde mehr das fakultative Referendum einzuführen suchte, die strengen Voraussetzungen, die auf dem Gebiete des öffentlichen Rechts für die Entstehung von Gewohnheitsrecht gelten (115), nicht erfüllen. Insbesondere wäre nicht dargetan, dass die diesen Entscheiden zugrunde liegende Auffassung zur allgemeinen Rechtsüberzeugung wurde.

Da sich der Regierungsrat seit 1920 während Jahrzehnten nicht mehr mit der Frage der Zulässigkeit des fakultativen Referendums zu befassen hatte, kann übrigens nicht einmal von einer Praxis und jedenfalls nicht von einer konstanten Praxis des Regierungsrates gesprochen werden..." Davon abgesehen ist es einer Behörde nicht verwehrt, neuen Verhältnissen Rechnung zu tragen, ihre Praxis zu überprüfen und sie gegebenenfalls zu ändern. Dies ist im vorliegenden Fall auch bereits geschehen. Der Regierungsrat hat am 8. September 1959 im Grossen Rat erklärt, die Einführung des fakultativen Referendums, wie eine nähere Ueberprüfung durch die Justizdirektion ergeben habe, sei mit den heutigen Bestimmungen vereinbar.

*

90 I 276 (23. Dezember 1964) Jahrzehntelange Praxis

Aus den Erwägungen:

(S. 281) "Die im angefochtenen Entscheid vertretene unhaltbare Auslegung (einer Bestimmung des basel-städtischen Bürgerrechtsgesetzes vom 19. Juni 1902) lässt sich auch nicht mit dem Einwand rechtfertigen, sie entspreche einer "jahrzehntelangen Praxis". Eine solche Praxis vermöchte gegen den klaren Wortlaut und Sinn des Gesetzes nur aufzukommen, wenn sich dadurch ein Gewohnheitsrecht entwickelt hätte, was der Regierungsrat nicht zu behaupten wagt".

*

91 I 409 (26. Mai 1965) Eigentumsgarantie

Aus den Erwägungen:

(E. 3, S. 419/420) Das Grundrecht der Eigentumsgarantie schützt neben

115) Zitat: 84 I 95 E. 4.

dem Eigentum einen weiteren Kreis vermögenswerter Rechte, die dem Privatrecht zugehören oder ihrer Art nach zur Zeit der Entstehung der Eigentumsgarantie dem Privatrecht zugezählt wurden.

"Was das Eigentum als solches anbelangt, so ergibt sich sein Inhalt... aus der 'Rechtsordnung', das heisst aus allen auf das Eigentum bezüglichen Rechtssätzen des Bundes, der Kantone und der Gemeinden (mit Einschluss des Gewohnheitsrechts und der richterlichen Rechtsfindung gemäss Art. 1 Abs. 2 ZGB), unter dem Vorbehalt freilich, dass dieses Recht seinerseits den Wesensgehalt des Eigentums unangetastet lässt..."

*

91 I 260 (15. September 1965) Unvereinbarkeit III

Aus den Erwägungen:

(E. 5) "Die seit dem Jahre 1921 geübte Praxis, das Amt des Bezirkslehrers als mit der Mitgliedschaft im Grossen Rat vereinbar zu betrachten und die Wahl von Bezirkslehrern in den Grossen Rat zu validieren, erweist sich somit als verfassungswidrig und lässt sich auch nicht auf Gewohnheitsrecht stützen, da solches sich nicht contra constitutionem bilden kann."

*

92 I 382 (28. September 1966) Auslieferungsrecht

Aus den Erwägungen:

(S. 386/7) Der Bundesrat möchte den Einwand eines sich in der Schweiz aufhaltenden Flüchtlings, die Auslieferung widerspreche dem schweizerischen "ordre public", "auf Grund eines internationalen Gewohnheitsrechts in beschränktem Umfange, nämlich dann zulassen, wenn die Auslieferung die Hoheitsrechte der Schweiz verletzen, ihre Sicherheit gefährden oder die politischen, die sozialen oder sonstige Grundlagen unseres Staates antasten würde..."

Da diese Voraussetzungen im vorliegenden Falle nicht erfüllt sind, kann die Frage, inwieweit die Berufung des Auszuliefernden auf den schweizerischen "ordre public" vom Bundesgericht zu berücksichtigen ist, auch hier offen bleiben.

Zweiter Abschnitt

Besprechung und Kritik der Entscheidungen des Bundesgerichts

§ 5 Allgemeine Bemerkungen

Von 1874 bis zum 31. Dezember 1966 hat sich das Bundesgericht in 87 Urteilen zur Hauptsache oder in Nebenpunkten mit dem Gewohnheitsrecht befasst. Davon wurden 7 Entscheidungen weder in der Amtlichen Sammlung noch in einer Zeitschrift veröffentlicht. 5 Urteile entfallen auf das französische und 2 auf das italienische Sprachgebiet. Dabei fällt auf, dass in den letzten Jahren die Entscheidungen über Gewohnheitsrecht stark zugenommen haben. Zum Vergleich sei erwähnt, dass von 1875 - 1924, also in den ersten 50 Jahren seines Bestehens, das Bundesgericht sich in fast gleich vielen Urteilen ausdrücklich zur Frage des Gewohnheitsrechts geäussert hat wie in den letzten 11 Jahren von 1956 - 1966 (24 bzw. 26 Urteile). Im gleichen Verhältnis haben die Fälle zugenommen, in denen das Bestehen von Gewohnheitsrecht ausdrücklich anerkannt wurde: von 1875 - 1924 in 10, von 1956 - 1966 in 9 Urteilen.

Die Urteile gehören folgenden Rechtsgebieten an: Bundesrecht und kantonales Recht, Völkerrecht und interkantonales Recht, internationales Privatrecht und in älteren Entscheiden sogar das Strafrecht. Mehr als die Hälfte der Entscheidungen, die strafrechtlichen Fälle inbegriffen, entfallen auf das öffentliche Recht (53). Die Mehrheit von ihnen hat Fälle des kantonalen Rechts zum Gegenstand (35).Im Gebiete des Privatrechts stellte sich die Frage nach dem Gewohnheitsrecht in 20 Urteilen.

In 33 der sämtlichen Entscheidungen hat das Bundesgericht das Bestehen einer gewohnheitsrechtlichen Norm anerkannt. Nicht alle von ihnen haben jedoch dasselbe Gewicht. Der Gerichtshof hat sich nicht durchwegs gleich ausführlich und sorgfältig mit der grundsätzlichen Frage befasst. Sehr ausführliche Motive, auch in unveröffentlichten Urteilen, wechseln ab mit kurzgefassten Feststellungen. Ausserdem enthält eine Anzahl Urteile lediglich einen im betreffenden Fall zwar ausreichenden Hinweis auf den Charakter und die Bedeutung des Gewohnheitsrechts, z. B. auf gewohnheitsrechtliche Normen als Grundlage für öffentlich-rechtliche Eigentumsbeschränkungen.

§ 6 Die Wesensmerkmale des Gewohnheitsrechts

I. Im allgemeinen

Das Bundesgericht bezeichnet nach "allgemein anerkannten Grundsätzen" als die beiden "Erfordernisse" und "Voraussetzungen" für das Bestehen von

Gewohnheitsrecht die Rechtsüberzeugung (opinio iuris vel necessitatis) und die Uebung (1). Das grössere Gewicht legt es auf die Rechtsüberzeugung (2), die - in Anlehnung an LIVER (3) - als "der eigentliche oder zum mindesten doch der entscheidende rechtsbildende Faktor"(4) bezeichnet wird.

Anderseits finden wir durch die ganze Praxis hindurch älteste sowie neueste Entscheide, die ausdrücklich eine gewohnheitsrechtliche Regel anerkennen oder aufstellen, ohne die Rechtsüberzeugung oder die Uebung auch nur mit einem Wort zu erwähnen (5); in wenigen Fällen wird nur auf das Wesensmerkmal der Uebung abgestellt (6). Einige dieser Urteile wecken denn auch ernsthafte Zweifel darüber, ob die Voraussetzungen der Bildung von Gewohnheitsrecht überhaupt erfüllt sind.

Trotzdem lässt sich feststellen, dass das Bundesgericht, die von der Doktrin seit jeher verlangten konstitutiven Elemente des Gewohnheitsrechts als solche anerkennt, selbst wenn es ihnen bisweilen nicht die notwendige Beachtung schenkt. Welchen Inhalt diese beiden Begriffe in der Praxis erhalten haben, ist in den folgenden Abschnitten zu untersuchen.

II. Die Uebung

Im Gegensatz zu den eher dürftigen Erörterungen über die opinio necessitatis hat sich das Bundesgericht über die Anforderungen an die Uebung in zahlreichen Entscheiden eingehend geäussert, trotzdem es ihr geringere Bedeutung als der opinio necessitatis beimisst. Die consuetudo muss, um zu genügen, zwei Erfordernisse erfüllen: Sie muss seit längerer Zeit bestehen und ständig befolgt worden sein (7). Ueber Dauer und Intensität der Uebung

1) BGE vom 27. September 1935 i.S. Labhardt (Prozesskosten); BGE vom 29. Januar 1949 i.S. Forrer (Delegationsklausel); 76 II 202 (selbständige Auflage); BGE vom 17. Juni 1953 i.S. Billeter (Delegation); 81 I 26 (Bauzone); 83 I 242 (Bedürfnisklausel b); 84 I 89 (Warenverkaufsautomaten); 85 I 103 (Interkantonale Rechtshilfe).

2) BGE vom 27. September 1935 i.S. Labhardt (Prozesskosten); BGE vom 17. Juni 1953 i.S. Billeter (Delegation); 83 I 242 (Bedürfnisklausel b); 84 I 89 (Warenverkaufsautomaten).

3) 24.

4) 83 I 242 (Bedürfnisklausel b).

5) 7, 292 (Rezeption); 19, 97 (Strafrecht); 35 I 439 (Notwegrecht); 45 I 54 (Bergregal); 54 I 188 (Konkordate); 67 II 191 (Namensänderung); 74 I 41 (Unvordenklichkeit); 68 I 56 und 206, 74 I 346, 76 I 374, 77 I 126 (Bürgerrecht); 81 I 81 (Wasserrechtskonzession); 83 II 345 (Rechtsmissbrauch); 83 I 173 (Suffrage féminin); 84 II 187 (Frist); 86 II 243 (Grunddienstbarkeit); 88 III 98 (Blankoakzept).

6) BGE vom 6. Februar 1901 (Bemessungsperiode); 39 I 35 (Landrat); 40 I 231 (Strafprozess); 50 I 6 (Concordato); BGE vom 23. Juni 1934 i.S. Mattenberger (Gemeindewahl); BGE 11. März 1938 i.S. Canonica (Bedürfnisklausel a).

7) 46 II 283 (Privatfischenz); 50 I 6 (Concordato); 56 I 37 (Militärpflichtersatz); BGE vom 23. Juni 1934 i.S. Mattenberger (Gemeindewahl); BGE vom 27. September 1935 i.S. Labhardt (Prozesskosten); 73 I 342 (Indemnité); BGE vom 20. Januar 1949 i.S. Forrer (Delegationsklausel); BGE vom 7. Dezember 1949 i.S. Affolter & Kons. (Unvereinbarkeit I); BGE vom 17. Juni 1953 i.S. Billeter (Delgation); 81 I 26 (Bauzone); 82 II 120 (Beweisregel-Saumrecht); 83 I 173 (Suffrage féminin); 83 I 242 (Bedürfnisklausel b); 84 I 89 (Warenverkaufsautomaten); 85 I 103 (Interkantonale Rechtshilfe); BGE vom 23. Dezember 1959 i.S. Hofer (Unvereinbarkeit II).

stellt das Bundesgericht ausdrücklich keine festen Regeln (8), sondern lediglich den Grundsatz auf: Je durchschlagender die Rechtsüberzeugung und je weniger die befolgte Regel in schutzwürdige Interessen eingreift, umso geringer sind die Anforderungen an die Dauer einer Uebung (9). Immerhin betrachtet das Gericht einen Zeitraum von 6 Jahren für eine Uebung, die von der opinio necessitatis getragen Gewohnheitsrecht bilden soll, als zu kurz (10). Eine Uebung hingegen, die seit 16 Jahren befolgt wird, kann ausreichen, wenn ihr eine besonders überzeugende opinio necessitatis zugrunde liegt (11). Eine um ein Jahr länger dauernde Uebung (17 Jahre) hat das Bundesgericht im Fall Canonica als genügend erachtet (12), ohne zusätzliche Bedingungen an die sie begleitende opinio necessitatis oder an die Wirkung der Regel (Eingriff in schutzwürdige Interessen) zu stellen. Dementsprechend genügt nach der bundesgerichtlichen Praxis eine noch längere Dauer -25 und mehr Jahre (13), mehr als 30 (14) und 56 Jahre (15) - ohne weiteres.

Das Bundesgericht hätte bei der Feststellung der Dauer einer Uebung m. E. eine wichtige Unterscheidung treffen sollen. Das älteste Zeugnis einer Norm kann wohl den Beweis erbringen, dass damals bereits eine Uebung bestand. Es ist aber auch möglich, dass dieses Zeugnis bloss ein Entscheid ist, der die Bildung einer consuetudo erst veranlasste.

In einem einzigen älteren Urteil hat das Bundesgericht diesen Unterschied angetönt (16). Es betrachtet dort Gerichtsurteile nicht als Rechtsquelle, sondern als "Erkenntnisquelle" für das in Frage stehende Gewohnheitsrecht. Es lässt also die Uebung nicht mit dem Datum des frühesten Entscheides beginnen, sondern sieht in den vorgelegten Urteilen lediglich das Zeugnis für eine Uebung, die bereits im Zeitpunkt bestand, da das betreffende Urteil erging. Im bereits zitierten Fall Canonica (17) dagegen beginnt für das Bundesgericht die Praxis der Behörden bereits mit dem Regierungsratsbeschluss von 1920. Dieser Entscheid bedeutete aber eine Praxisänderung und wendete die Bedürfnisklausel nun auch auf Kleinverkaufsstellen für geistige Getränke an. Es ist zum mindesten sehr fraglich, ob sich sogleich an den Erlass des regierungsrätlichen Beschlusses eine ständige Uebung anschloss.

8) BGE vom 23. Juni 1934 i. S. Mattenberger (Gemeindewahl); BGE vom 20. Januar 1949 i. S. Forrer (Delegationsklausel); BGE vom 17. Juni 1953 i. S. Billeter (Delegation).

9) BGE vom 17. Juni 1953 i. S. Billeter (Delegation).

10) 84 I 89 (Warenverkaufsautomaten).

11) BGE vom 17. Juni 1953 i. S. Billeter (Delegation).

12) BGE vom 11. März 1938 (Bedürfnisklausel a).

13) BGE vom 20. Januar 1949 i. S. Forrer (Delegationsklausel).

14) BGE vom 6. Januar 1901 (Bemessungsperiode).

15) 84 I 89 (Warenverkaufsautomaten).

16) 35 I 439 (Notwegrecht).

17) BGE vom 11. März 1938 (Bedürfnisklausel a).

III. Die Rechtspflichtüberzeugung

1. Der Begriff

Das Bundesgericht hat den Begriff der Rechtsüberzeugung lediglich in 6 Urteilen und erstmals 1930 näher umschrieben; seine Definitionen sind aber nicht einheitlich ausgefallen (18). In Anlehnung an die Doktrin wird einmal die opinio necessitatis definiert als "Ueberzeugung vom Bestehen einer... verbindlichen Norm"(19), oder als Ueberzeugung, dass ein Grundsatz "auch wirklich Recht ist"(20); eine "als rechtmässig betrachtete Uebung"(21) bildet ebenfalls Gewohnheitsrecht.

In den drei andern Fällen (22) hingegen, hat der Gerichtshof anscheinend ein zusätzliches Element in den Begriff der Rechtsüberzeugung eingeführt (23). Er anerkennt hier eine Uebung als Gewohnheitsrecht, "weil sie von den rechtlichen Anschauungen des Volkes getragen und in der Ueberzeugung ihrer Vernünftigkeit" ausgeübt wurde (24). Dieselbe Umschreibung übernehmen die unveröffentlichten Urteile i.S. Forrer (25) und i.S. Billeter (26). Das Bundesgericht macht sich hier die Auffassung FLEINERS zu eigen, der auf die Möglichkeit hinweist, "dass die gewohnheitsmässige Betätigung einer bestimmten rechtlichen Anschauung (durch die Verwaltung) auch die Bürger, die Volksgenossen, selbst von ihrer Vernünftigkeit und Notwendigkeit überzeugt und so den Antrieb dazu gibt, dass sich schliesslich ein von der Praxis strenge festgehaltener Satz zum Gewohnheitsrecht verdichtet"(27).

Was unter der Ueberzeugung der Vernünftigkeit genauer zu verstehen ist, geht freilich aus den Motiven des Gerichtshofes nicht hervor (28). Wollen die Richter sagen, dass nur eine vernünftige, d.h. richtige oder gerechte Ver-

18) vgl. die Urteile: 56 I 37 (Militärpflichtersatz); BGE vom 7. Dezember 1948 (ZBl 50,249; Steuerjahr); BGE vom 20. Januar 1949 i.S. Forrer (Delegationsklausel); BGE vom 17. Juni 1953 i.S. Billeter (Delegation); 82 II 120 (Saumrecht); 84 I 89 (Warenverkaufsautomaten).

19) BGE vom 7. Dezember 1948 (ZBl 50, 249; Steuerjahr).

20) 84 I 89 (Warenverkaufsautomaten).

21) 82 II 120 (Saumrecht).

22) 56 I 37 (Militärpflichtersatz); BGE vom 20. Januar 1949 i.S. Forrer (Delegationsklausel); BGE vom 17. Juni 1953 i.S. Billeter (Delegation).

23) Siehe zum Erfordernis der "Rationabilität": Egger, Komm. zu Art. 1, N. 35.

24) 56 I 37 (Militärpflichtersatz).

25) BGE vom 20. Januar 1949 (Delegationsklausel): Uebrigens wird in diesem Entscheid irrtümlicherweise der BGE vom 24. September 1935 i.S. Labhardt (Prozesskosten) zitiert, in welchem nirgends von der Ueberzeugung der "Vernünftigkeit" einer Uebung, sondern lediglich von der "Rechtsüberzeugung, der sog. opinio necessitatis" die Rede ist.

26) BGE vom 17. Juni 1953 (Delegation).

27) Fleiner, Institutionen des deutschen Verwaltungsrechts, 8. Auflage 87.

28) vgl. Höhn 46/7.

haltensregel Gewohnheitsrecht bildet? Eine Norm kann aber selbst dann juristische Geltung haben, wenn sie, gemessen an der Rechtsidee, unrichtiges Recht ist (29). Auch das gesetzte Recht entspricht bisweilen nicht der Gerechtigkeit, d.h. der absoluten Richtigkeit, büsst aber deswegen seine Geltung nicht ein (30). Stellt das Gericht damit ein zusätzliches Erfordernis für die Anerkennung von Gewohnheitsrecht auf?

2. Der Kreis der Träger der opinio necessitatis

Die Frage, wieweit der Kreis der Träger der Rechtspflichtüberzeugung zu ziehen ist, beantwortet das Bundesgericht unterschiedlich und nicht mit Genauigkeit. In einigen Entscheiden wird sowohl für das private wie für das öffentliche Gewohnheitsrecht verlangt, dass eine "allgemeine" (31) Rechtsüberzeugung herrschen müsse, eine opinio iuris "des Volkes" (32) und "der Bürger" (33). Dieses Erfordernis wird insbesondere für eine gewohnheitsrechtliche Abgabepflicht aufgestellt (34). Dem letztzitierten Urteil ist aber zu entnehmen, dass in den andern, nicht abgaberechtlichen Fällen die Rechtsüberzeugung der "vom angewandten Grundsatz Betroffenen" für die Anerkennung von Gewohnheitsrecht ausreicht, eine "allgemeine" opinio iuris also nicht vorliegen muss. Damit stimmen die früheren Erwägungen des Gerichtshofes nicht überein.

Für die Bildung von Gewohnheitsrecht genügt m.E. in jedem Falle, dass die Rechtspflichtüberzeugung bei all denjenigen, die von der Norm betroffen werden könnten, also bei den Normadressaten (35) angenommen werden darf. Dem Bundesgericht ist hingegen beizupflichten, wenn es erklärt, dass allein die Rechtspflichtüberzeugung der das Recht anwendenden Behörden kein Gewohnheitsrecht zu erzeugen vermag (36).

§ 7 Besondere Fragen

I. Usuelles Gewohnheitsrecht

Die Praxis des Bundesgerichts kennt zwar den Ausdruck "usuelles" Gewohnheitsrecht nicht, obschon verschiedene Urteile die Bildung einer gewohn-

29) Liver 11.

30) Liver a. a. O.

31) Oeffentliches Recht: 46 II 283 (Privatfischenz); BGE vom 7. Dezember 1949 (Unvereinbarkeit I); 85 I 81 (Reserven); BGE vom 23. Dezember 1949 (Unvereinbarkeit II); 89 I 448 (fakultatives Referendum). Privatrecht: 76 II 202 (selbständige Auflage).

32) 56 I 37 (Militärpflichtersatz).

33) 83 I 242 (Bedürfnisklausel b).

34) 84 I 89 (Warenverkaufsautomaten).

35) vgl. vorne § 1, II, 1 d.

36) 84 I 89 (Warenverkaufsautomaten).

heitsrechtlichen Norm durch den Gerichtsgebrauch anerkennen. Als ein typisches Beispiel für eine Gerichtsübung sei die Aufnahme der Klausel in basel-städtische Urteile angeführt, wonach - entgegen der lückenlosen gesetzlichen Zuständigkeitsordnung - der Ehegerichtspräsident als Einzelrichter über Besuchsrechtstreitigkeiten nach der Scheidung befindet (37).

Ferner ist zu beachten, dass das Bundesgericht an einigen Stellen die Frage der Entstehung von objektivem Recht in der Uebung der Gerichte ausdrücklich geprüft hat. In 46 II 283 (Privatfischenz) wird das Bestehen von Gewohnheitsrecht verneint, weil kein "objektives Recht schaffender Gerichtsgebrauch" und keine "gesicherte allgemeine Praxis" bestehe. Eine Praxis ist in der Meinung des Gerichtes wohl dann "gesichert", wenn sie die opinio iuris der Beteiligten oder weiterer Volkskreise gewonnen hat. Etwas ungenauer ist die Formulierung in 83 I 59: Die bürgerrechtliche Stellung der Schweizerin, die einen Ausländer heiratet, richte sich nach der "kraft der Rechtsprechung des Bundesgerichts geltenden Ordnung". Die Rechtsprechung bildet aber nur dann eine formelle Rechtsquelle, wenn sie auf der Rechtsüberzeugung der Normadressaten beruht oder wenn sie aus Gründen der Rechtssicherheit nicht mehr geändert werden kann. Dass hier der erste Fall zutrifft, hätte das Gericht m.E. festhalten sollen. Das Urteil 83 II 345 (Rechtsmissbrauch) schliesslich bezeichnet den allgemeinen Rechtsgrundsatz von Treu und Glauben zu Unrecht als Gewohnheitsrecht: Das Urteil der Vorinstanz habe den Grundsatz des Art. 2 ZGB "auch als kantonales Gewohnheitsrecht (Gerichtsgebrauch) zur Geltung gebracht". Die Geltung dieses Rechtsgrundsatzes ist aber unabhängig vom Gerichtsgebrauch.

II. Dem Gesetz derogierendes Gewohnheitsrecht

Von den ältesten Entscheidungen lehnen einzelne das dem Gesetz derogierende Gewohnheitsrecht entweder kategorisch ab, so zwei Urteile aus dem Privatrecht (38), andere anerkennen es ohne Bedenken und sogar für das öffentliche Recht (39). Zu der Verdrängung des Art. 873 aOR durch Gewohnheitsrecht hat sich das Bundesgericht zwar nur nebenbei äussern können, aber immerhin nicht eindeutig dagegen Stellung genommen (40). Von den dreissiger Jahren an wird die Praxis zum derogierenden Gewohnheitsrecht differenzierter als in ihren Anfängen, jedoch gesamthaft gesehen nicht einheitlich. Jedenfalls ist sie schliesslich von einer uneingeschränkten Ablehnung abgerückt, aber mit einer Ausnahme inbezug auf das Gewohnheitsrecht, das der Verfassung widerspricht und deshalb vom Bundesgericht durchwegs

37) BGE vom 20. Januar 1949 i.S. Forrer (Delegationsklausel).

38) 14, 468 (Börsenusanzen); 23, 769 (Handelsgewohnheiten).

39) BGE vom 6. Februar 1901 (Bemessungsperiode); 40 I 176 (Medizinalgesetz).

40) BGE zu Art. 873 aOR: 38 II 175; 45 II 623; 47 II 64.

abgelehnt wird (41). In zwei unveröffentlichten Urteilen aus den Jahren 1934 und 1935 (42) wird die Frage, ob es auf dem Gebiete des öffentlichen Rechts derogatorisches Gewohnheitsrecht gebe, als umstritten betrachtet, und deshalb die Zulassung solcher Normen nicht als willkürlich bezeichnet. Diese Auffassung vermochte sich aber vorläufig nicht durchzusetzen. Denn der Entscheid vom 3. Februar 1939 i. S. Blenke (Lehrerwahlen) erklärt mit dem Hinweis auf FLEINER kurz und bündig, im Rechtsstaat sei für das Gewohnheitsrecht nur Raum zur Ergänzung, "nicht dagegen zur Abänderung des gesetzten Rechtes". Etwa zehn Jahre später hält es das Bundesgericht nicht für ausgeschlossen, dass derogierendes öffentliches Gewohnheitsrecht vor Art. 4 BV "standzuhalten vermöchte" (43). Kaum zwei Monate später folgt - mit dem Hinweis auf die soeben erwähnten Urteile - die Präzisierung: Bei freier Prüfung nimmt der Staatsgerichtshof mit der herrschenden Lehre an, dass es auf dem Gebiete des öffentlichen Rechtes - insbesondere auf dem Gebiet des Verfassungsrechtes (44) - kein derogierendes Gewohnheitsrecht gebe; aber unter dem einschränkenden Gesichtspunkt der Willkürüberprüfung sei solches Gewohnheitsrecht jedenfalls dann zulässig, wenn die Norm nicht in Freiheit oder Eigentum der Einzelnen eingreift, sondern lediglich "organisatorischer Natur" (z. B. des Prozessrechtes) ist (45). Diesen Standpunkt hat das Bundesgericht auch in einem späteren Urteil vertreten (46) und damit an die Entscheide der dreissiger Jahre angeknüpft. Ob die staatsrechtliche Abteilung heute ebenfalls in diesem Sinne urteilen würde, ist nicht mit Sicherheit vorauszusagen, da der Gerichtshof diese Frage in den neuesten Entscheiden zu Art. 4 BV nicht beantworten musste und deshalb offengelassen hat (47). Das Bundesgericht betonte aber bei der Anwendung von Art. 4 BV auch neulich wiederum, dass es bei freier Prüfung im öffentlichen Recht, vor allem im Verfassungsrecht, kein derogatorisches Gewohnheitsrecht anerkennen würde (48). In diesem Sinne hat es bei der Beurteilung einer Verwaltungsgerichtsbeschwerde die Anwendung eines Kreisschreibens der Schweizerischen Bankiervereinigung, das die Rückerstattung der Verrechnungssteuer in Abweichung von Art. 7, Abs. 1 VStB regelte und anscheinend anstandslos be-

41) 89 I 253 (Genehmigungspflicht).

42) BGE vom 23. Juni 1934 i. S. Mattenberger (Gemeindewahl); BGE vom 27. September 1935 i. S. Labhardt (Prozesskosten).

43) BGE vom 7. Dezember 1948 (Steuerjahr).

44) 74 I 172 (Referendum); BGE vom 7. Dezember 1949 i. S. Affolter & Kons. (Unvereinbarkeit I); BGE vom 23. Dezember 1959 i. S. Hofer (Unvereinbarkeit II); 89 I 253 (Genehmigungspflicht).

45) BGE vom 20. Januar 1949 i. S. Forrer (Delegationsklausel).

46) BGE vom 17. Juni 1953 i. S. Billeter (Delegation).

47) 87 I 10 (Handänderungsgebühr); 87 I 100 (Rechtsbot); 88 III 42 (SchKG-Verordnungsrecht).

48) 74 I 172 (Referendum); BGE vom 7. Dezember 1949 i. S. Affolter & Kons. (Unvereinbarkeit I); BGE vom 23. Dezember 1959 i. S. Hofer (Unvereinbarkeit II); 89 I 253 (Genehmigungspflicht); 91 I 260 (Unvereinbarkeit III).

folgt wurde, als Gewohnheitsrecht ohne weitere Begründung abgelehnt (49). Anderseits räumt das Gericht in 90 I 276 (jahrzehntelange Praxis) immerhin ein, die in Frage stehende Praxis vermöchte gegen den klaren Wortlaut und Sinn des Gesetzes nur aufzukommen, wenn sie sich zu einem Gewohnheitsrecht entwickelt hätte.

Eine Vorschrift des SchKG kann durch entgegenstehendes kantonales Gewohnheitsrecht nicht aufgehoben werden (50). Diese Erwägung ist lediglich der Ausfluss des Grundsatzes "Bundesrecht bricht kantonales Recht", der auch auf gewohnheitsrechtlicher Ebene gilt.

Bedeutsam ist die Feststellung des Bundesgerichts, dass bei Abweichung ("Nichtbeachtung") von einer gesetzlichen Vorschrift in einzelnen Fällen durch die Rechtsgenossen oder rechtsanwendenden Behörden noch nicht von derogierendem Gewohnheitsrecht die Rede sein könne (51). Oft versucht der einzelne Bürger, gesetzwidriges Verhalten durch die Berufung auf Gewohnheitsrecht zu rechtfertigen und ihm damit den Anschein der Legalität zu verleihen (52). Auch Regierungen greifen nicht selten zu derselben fragwürdigen Notlösung, wenn es gilt, der Anfechtung einer gesetzwidrigen Verordnung zu begegnen. Wenn aber nicht festgestellt werden kann, dass die Rechtsgenossen es als Rechtspflicht erachten, eine dem gesetzten Recht widersprechende Regel zu befolgen, darf diese nicht als Gewohnheitsrecht erklärt werden (53).

III. Gewohnheitsrecht im öffentlichen Recht

Die Frage, ob sich auch öffentliches Gewohnheitsrecht bilden könne, hat das Bundesgericht zu Beginn seiner Praxis gar nicht erhoben. Sogar noch der wichtige Entscheid 56 I 37 (Militärpflichtersatz) enthält dazu keine Erörterungen. Bis zum Jahre 1930 hat das Bundesgericht ohne Bedenklichkeit angenommen, dass es im Gebiet des kantonalen Rechts (Verwaltungsrecht, Steuerrecht, Straf- und Strafprozessrecht)(54) und des interkantonalen Rechts (55) sowie im Bundesverwaltungsrecht -vgl. den oben erwähnten bundesrecht-

49) 84 I 178 (Verrechnungssteuer).

50) 40 III 403 (Steigerung).

51) 45 I 386 (Nichtbeachtung).

52) vgl. u.a. den Entscheid aus dem kantonalen Recht in ZBl 64 (1963), S. 440 ff.: In der Stadt Basel hielten fünf Dancings regelmässig über die Polizeistunde hinaus offen, ohne dass die Behörden eingriffen. Liegt derogatorisches Gewohnheitsrecht vor? Das Gericht bemerkt hiezu, dass die Duldung eines ungesetzlichen Zustandes gegenüber den bisherigen Dancings-Inhabern einem neuen Bewerber keinen Anspruch auf "unrechtsgleiche" Behandlung gebe.

53) vgl. hiezu BGE vom 11. März 1938 i.S. Canonica und 83 I 242 (Bedürfnisklausel).

54) 7, 292 (Rezeption); BGE vom 6. Februar 1901 (Bemessungsperiode); 39 I 35 (Landrat); 40 I 231 (Strafprozess); 45 I 54 (Bergregal).

55) 54 I 188 (Konkordate).

lichen Entscheid (56)-Gewohnheitsrecht geben könne. Im unveröffentlichten Urteil i. S. Mattenberger vom 23. Juni 1934 wird dann auf das Problem eingetreten und erklärt, es stehe "ausser Zweifel, dass es Gewohnheitsrecht auch im Gebiet des öffentlichen Rechts gibt". Von da an befasst sich das Gericht in der Regel - von wenigen Ausnahmen abgesehen (57) - in jedem einzelnen Fall mit der Zulässigkeit des Gewohnheitsrechts im öffentlichen Recht.

In der neueren und neuesten Praxis anerkennt das Bundesgericht "grundsätzlich" (58) öffentliches Gewohnheitsrecht und kennzeichnet es in einem Fall als originäre Rechtsquelle, die als solche - trotz eines gewissen Vorranges des gesetzten Rechtes - der Gesetzesstufe zuzurechnen sei (59). Dem Umfang nach aber spielt es nach der Ansicht des Bundesgerichts nur eine "sehr beschränkte Rolle "(60). Dem öffentlichen Gewohnheitsrecht gegenüber sei "grosse Zurückhaltung" (61) geboten, insbesondere wenn es sich um Eingriffe in Freiheitsrechte (62) handle. An die Voraussetzungen seiner Bildung, an die Uebung und die opinio necessitatis, seien strenge Anforderungen zu stellen (63).

Von jeher hat das Bundesgericht öffentlich-rechtliche Eigentumsbeschränkungen auf gewohnheitsrechtlicher Grundlage zugelassen (64). Was das Eigentum als solches anbelangt, könne sich sein Inhalt auch aus Gewohnheitsrecht ergeben, erklärt das Bundesgericht (65). Auch die Anerkennung von organisatorischem Gewohnheitsrecht fällt ihm leicht. Hingegen erklärt es, es sei umstritten, ob öffentlich-rechtliche Pflichten - in concreto die Ueberbindung von Prozesskosten an den Anwalt - auf gewohnheitsrechtlichem Wege eingeführt werden könnten; immerhin sei die Bejahung dieser Frage nicht willkürlich (66). Ob insbesondere steuerrechtliche Verpflichtungen durch Gewohnheitsrecht eingeführt werden können, erscheint dem Bundesgericht als "zweifelhaft " (67). Es brauchte auch noch nicht zu entscheiden, ob dies willkürlich sei.

56) 56 I 37 (Militärpflichtersatz).

57) BGE vom 11. März 1938 i. S. Canonica (Bedürfnisklausel a); 65 II 143 (Grundwasserströme); 77 I 126 (Bürgerrecht); 81 I 26 (Bauzone); 81 I 81 (Wasserrechtskonzession).

58) 83 I 242 (Bedürfnisklausel b); 84 I 89 (Warenverkaufsautomaten); 89 I 253 (Genehmigungspflicht).

59) 83 I 242 (Bedürfnisklausel b).

60) 74 I 172 (Referendum); BGE vom 16. September 1948 (Steuerjahr); BGE vom 23. Dezember 1949 i. S. Hofer (Unvereinbarkeit II).

61) 83 I 242 (Bedürfnisklausel b); 84 I 89 (Warenverkaufsautomaten).

62) 83 I 242 (Bedürfnisklausel b).

63) 84 I 89 (Warenverkaufsautomaten): 89 I 448 (fakultatives Referendum).

64) 45 I 54 (Bergregal); BGE vom 16. Oktober 1944 (öffentlich-rechtliche Eigentumsbeschränkungen); 65 II 143 (Grundwasserströme); 74 I 41 (Unvordenklichkeit); 88 I 173 (garantie de la propriété).

65) 91 I 409 (Eigentumsgarantie).

66) BGE vom 27. September 1935 i. S. Labhardt (Prozesskosten).

67) 84 I 89 (Warenverkaufsautomaten) mit dem Hinweis auf die ablehnende Auffassung Blumensteins, System 13.

IV. Die Feststellung des Gewohnheitsrechts

1. Die Eintretensfrage

Wer sich auf Gewohnheitsrecht beruft, kann nach der herrschenden Rechtsprechung stets damit rechnen, dass er damit vom Bundesgericht gehört wird. Es gibt meines Wissens keinen Fall, in welchem das Gericht die Behauptung einer Partei, es liege Gewohnheitsrecht vor, nicht beachtet hätte. Auch ohne dass eine Partei sich darauf beruft, untersucht das Bundesgericht, wenn eine gesetzliche Norm fehlt, von Amtes wegen, ob Gewohnheitsrecht besteht, nach dem entschieden werden kann (68). Selbst wenn in der Vorinstanz von einer gewohnheitsrechtlichen Norm nicht die Rede war, hat das Bundesgericht in zahlreichen Fällen das Bestehen von Gewohnheitsrecht trotzdem geprüft - und vielfach bejaht (69). Verzichtet aber eine Partei ausdrücklich auf die Geltendmachung von Gewohnheitsrecht, so betrachtet auch das Bundesgericht die Frage als erledigt (70). Diese Grundsätze gelten auch für die Feststellung des Ortsgebrauchs und der Uebung (71).

2. Die Mittel der Tatbestandsfeststellung

a) Zeugen

Es ist dem Verfasser lediglich ein Fall bekannt, in welchem das Bundesgericht durch seinen Instruktionsrichter vom Kanton angerufene Zeugen einvernehmen liess. Abzuklären war die Frage, ob Fideikommissgüter nach dem Ableben des letzten Inhabers an den Staat zurückfallen. Die Zeugen bejahten diese Frage. Ihre Aussagen konnten aber nicht als entscheidend gelten, weil sie sich nicht mit Präzedenzfällen stützen liessen und weil die Regierung einen Gesetzesentwurf ausgearbeitet hatte (72), welcher die gegenteilige Ansicht zur Geltung gebracht hätte, wenn er im Grossen Rat nicht abgelehnt worden wäre. Das vom Regierungsrat behauptete Gewohnheitsrecht ist deshalb vom Bundesgericht nicht als bestehend anerkannt worden.

In zwei späteren Entscheidungen stellte das Bundesgericht auf die Aussagen von Personen und Zeugen ab, die im kantonalen Verfahren einvernommen worden waren. Es verzichtete also auf eine Einvernahme durch den In-

68) 39 I 35 (Landrat); 40 I 231 (Strafprozess); 56 I 37 (Militärpflichtersatz); BGE vom 23. Juni 1934 i. S. Mattenberger (Gemeindewahl); BGE vom 17. Juni 1953 i. S. Billeter (Delegation); 87 I 10 (Handänderungsgebühr).

69) BGE vom 6. Februar 1901 (Bemessungsperiode); BGE vom 27. September 1935 i. S. Labhardt (Prozesskosten); 76 II 202 (selbständige Auflage); 81 I 26 (Bauzone); 82 I 120 (Saumrecht); 83 II 345 (Rechtsmissbrauch); 83 I 173 (suffrage féminin); 84 I 187 (Frist); 86 II 243 (Grunddienstbarkeit); 88 III 98 (Blankoakzept); 89 I 448 (fakultatives Referendum).

70) 87 I 10 (Handänderungsgebühr).

71) vgl. Liver, Komm. zu Art. 5, N 102-104 (45 II 440; 50 II 17; 64 II 218 ff.; 83 II 134).

72) 9, 577 (Fideikommiss).

struktionsrichter. Im Urteil 46 II 283 (Privatfischenz) bezeichnete das Gericht auf Grund der Eingabe des Fischereivereins, des Berichtes des kantonalen Fischereiaufsehers und auch in Würdigung der rechtlichen Vorkehren des Klägers selbst das Vorliegen einer opinio necessitatis im Sinne der Verpflichtung der Inhaber aller Privatfischenzen zur Duldung der Freianglerei als "sehr zweifelhaft". Da eine entsprechende Uebung überhaupt nicht nachgewiesen werden konnte, fehlten die beiden Voraussetzungen für die Annahme eines Gewohnheitsrechts. Im andern Entscheid 74 I 41 (Unvordenklichkeit) behauptete der Regierungsrat des Kantons St. Gallen, die Benützung eines Fussweges über eine private Liegenschaft durch die Oeffentlichkeit ergebe sich aus Zeugeneinvernahmen. Das Bundesgericht widersprach dieser Behauptung nicht.

b) Erkundigungen

Es ist auch vorgekommen, dass sich der bundesgerichtliche Instruktionsrichter bei kantonalen Behörden nach den genaueren Umständen einer geltend gemachten Uebung erkundigte. So hat der Landrat des Kantons Uri seine Praxis als Kassationsinstanz mit fünf Entscheiden, von denen zwar zwei nicht in Betracht fielen, belegt (73), und das Kantonsgericht St. Gallen berichtete ausführlich über die Uebung, die Befugnisse des Präsidenten des Bezirksgerichtes zur Anordnung vorsorglicher Massnahmen im Scheidungsprozess auf ein Gerichtsmitglied zu übertragen (74). Als das Appellationsgericht von Basel-Stadt, gestützt auf eine langjährige Praxis, einen Anwalt für die zweitinstanzlichen Gerichtskosten der vertretenen Partei betrieb, fragte der bundesgerichtliche Instruktionsrichter an, "mit welchen Vorgängen" die behauptete Uebung belegt werden könne (75).

Im Urteil 64 I 84 (interkantonale Armenpflege) hat eine auf Anregung des bundesgerichtlichen Instruktionsrichters vom Eidgenössischen Justiz- und Polizeidepartement durchgeführte Rundfrage ergeben, dass die Mehrheit der Kantone den Grundsatz befolgt, die Transportkosten für den Hausrat heimzuschaffender armengenössiger Personen dem aufnehmenden Kanton zu belasten (76).

73) 39 I 35 (Landrat).

74) BGE vom 17. Juni 1953 i.S. Billeter (Delegation).

75) BGE vom 27. September 1935 i.S. Labhardt (Prozesskosten).

76) vgl. in diesem Zusammenhang: ObG Thurgau ZGBR 30 (1949) 209 ff. = SJZ 45 (1949) 376; Liver, Komm. zu Art. 740 ZGB N 54 und zu Art. 730 ZGB N 171. Das Gericht glaubte bloss auf Grund von Erkundigungen bei einigen Grundbuchämtern feststellen zu können, die Befugnis zum Viehtrieb sei kraft Gewohnheitsrecht im Fahrwegrecht enthalten. - Ferner ZBJV 78 (1942) 133 ff; Liver, Komm. zu Art. 5 ZGB N 103. Hier wurden sachkundige Zeugen über das Zugehörverhältnis nach ortsüblicher Auffassung in den Freibergen einvernommen.

c) Entscheide von Gerichts- und Verwaltungsbehörden

Gerichtsurteile und Verwaltungsentscheide spielen bei der Feststellung von Gewohnheitsrecht eine wichtige Rolle. Sie erbringen oft am leichtesten und sichersten den Beweis für das Bestehen einer Uebung (Praxis) und der opinio iuris. So verlangte denn auch das Bundesgericht von einer Gemeinde, die sich auf Gewohnheitsrecht berief, sie solle darlegen, auf Grund welcher Entscheide der zuständigen Behörden sich eine Rechtsüberzeugung von der Zulässigkeit von Hotelzonen entwickelt habe (77). Der Gerichtshof hat sowohl auf Grund kantonaler Gerichtsurteile (78) als auch gestützt auf Entscheide von Kantonsregierungen (79) das Bestehen einer gewohnheitsrechtlichen Norm angenommen. In einigen Fällen berief er sich auf eigene Urteile, welche die betreffende Uebung bereits festgestellt oder sogar als Gewohnheitsrecht qualifiziert hatten (80).

d) Literatur

In einem älteren Urteil (81) hat das Bundesgericht ausdrücklich die Literatur als Beweismittel für das Bestehen von Gewohnheitsrecht anerkannt. Es hat in seiner späteren Praxis in zwei Urteilen gewohnheitsrechtliche Normen ebenfalls mit dem Hinweis auf bestimmte Autoren anerkannt: so die Einführung eines Vorverfahrens in Ehrverletzungsprozessen im Kanton Aargau, wenn die ehrverletzende Aeusserung durch das Mittel der Presse begangen worden war (82), ferner das Blankoakzept (83). Der letztgenannte Entscheid kann als typisches Beispiel für die Anerkennung von Gewohnheitsrecht gestützt auf die Literatur gelten. Die Frage, ob gesetzesderogierende Verordnungsbestimmungen zum SchKG gewohnheitsrechtliche Geltung erlangten, hat das Bundesgericht angesichts der widersprüchlichen Auffassungen der Autoren offen gelassen (84).

e) Gerichtsnotorietät

Das Bundesgericht hat in einer bestimmten Zahl von Fällen Gewohnheitsrecht anerkannt, ohne sich auf frühere Entscheide, auf die Literatur oder andere Erkenntnismittel zu stützen. Es vertrat offenbar die Ansicht, es sei

77) 81 I 26 (Bauzone).

78) 7, 292 (Rezeption); BGE vom 20. Januar 1949 i.S. Forrer (Delegationsklausel); 39 I 35 (Landrat).

79) BGE vom 6. Februar 1901 (Bemessungsperiode); BGE vom 23. Juni 1934 (Gemeindewahl); 45 I 54 (Bergregal; BGE vom 11. März 1938 i.S. Canonica (Bedürfnisklausel a).

80) 23, 769 (Handelsgewohnheiten); 58 I 33 (Strafrecht); 59 II 44 (actions privilégiées); BGE vom 20. Januar 1949 (Delegationsklausel); 68 I 206 und 77 I 126 (Bürgerrecht); 85 I 103 (interkantonale Rechtshilfe); 88 III 98 (Blankoakzept).

81) 35 I 439 (Notwegrecht)

82) 40 I 231 (Strafprozess).

83) 88 III 98 (Blankoakzept); vgl. Art. 1000, 1003 OR; v. Tuhr/Siegwart, 1. Halbband 152.

84) 88 III 42 (SchKG-Verordnungsrecht).

gerichtskundig, dass die jeweils in Frage stehende Uebung rechtliche Geltung erlangt habe. Tatsächlich konnte das Gericht zu Recht das alte Strafrecht des Kantons Uri (85) und des Kantons Nidwalden (86) sowie die Regel, dass die Frau durch Heirat ihr bisheriges Bürgerrecht verliert (87), ohne Hinweise und genauere Erörterungen als Gewohnheitsrecht qualifizieren. Hingegen hätten die folgenden Feststellungen einer näheren Begründung bedurft: Die Rückerstattung des Militärpflichtersatzes auch an nicht dienstpflichtige Wehrmänner ist gewohnheitsrechtlich zulässig (88); Angehörigen adliger Familien steht es frei, im privaten Verkehr das Adelsprädikat "von" wegzulassen (89). Ebenso ist es fraglich, ob allein die Erkenntnis, dass Auflagen, die unmittelbar die gesetzlichen Erben belasten, in Testamenten "häufig" vorkommen, die Folgerung erlaubt, es liege "geradezu" eine allgemeine Rechtsüberzeugung vor (90). Solche sozusagen stillschweigenden Anerkennungen von Gewohnheitsrecht können leicht zu Fehlurteilen führen. Dies ist denn auch in einem neueren Entscheid geschehen: Das Bundesgericht behauptete kurzerhand, Grunddienstbarkeiten, die system- und sachwidrig ein reines Konkurrenzverbot zum Inhalt haben, hätten in der Schweiz "geradezu gewohnheitsrechtliche Bedeutung gewonnen (91)". Ob solche Konkurrenzverbote bloss obligatorische Wirkung haben oder als Grunddienstbarkeiten anerkannt werden können, ist eine Frage der juristischen Qualifikation, zu deren Beantwortung nicht auf eine Uebung abgestellt werden kann.

V. Verkehrssitte und Gewohnheitsrecht

In Uebereinstimmung mit der Doktrin hat das Bundesgericht in seiner ganzen Praxis daran festgehalten, dass die Verkehrssitte (Uebung, Ortsgebrauch, Handelsusancen) nicht objektives Recht, also auch nicht Gewohnheitsrecht darstellt. Der Geltungsgrund der Verkehrssitte liegt ausschliesslich im rechtsgeschäftlichen Willen der Vertragsparteien oder im Gesetz, das auf sie verweist (92).

85) 19, 97 (Strafrecht).

86) 46 I 206: Das Bundesgericht spricht in diesem Urteil nicht ausdrücklich von Gewohnheitsrecht. Vgl. 58 I 33 Anm. 2.

87) 36 I 215 (Bürgerrecht).

88) 56 I 37 (Militärpflichtersatz).

89) 67 II 191 (Namensänderung).

90) 76 II 202 (selbständige Auflage).

91) 86 II 243 (Grunddienstbarkeit).

92) 37 II 409; 53 II 310; 57 II 319; 76 II 50; 83 II 522; 86 II 257; 90 II 101; 91 II 359; vgl. Liver, Komm. zu Art. 5 ZGB N 79.

A. Geltendes Gewohnheitsrecht

I. Eigentliches Gewohnheitsrecht

1. Intra legem

a) Das politische Domizil der Studenten (53 I 276)

Die in diesem Urteil bestätigte Rechtsprechung geht auf einen Entscheid und die anschliessende Praxis des Bundesrates zurück, der am 7. März 1896 in einer Rekurssache betreffend Gemeindewahlen der Stadt Freiburg festgestellt hatte: "Die Berechtigung zur Ausübung des kantonalen Stimmrechts am Studienort kann an sich den Studenten nicht aberkannt werden, vorausgesetzt, dass dieselben am Studienort tatsächlich niedergelassen und im Besitze einer Niederlassungsbewilligung sind"(93).

Art. 43, Abs. 2 BV sieht vor, dass jeder Kantonsbürger bei allen eidgenössischen Wahlen und Abstimmungen das Stimmrecht an seinem Wohnsitz ausüben kann. Der Wohnsitzbegriff dieser Bestimmung ist aber nicht eindeutig. Handelt es sich um den zivilrechtlichen Wohnsitz? Die Beantwortung dieser Fragen führte zu einer begrifflichen Unterscheidung zwischen politischem Domizil und zivilrechtlichem Wohnsitz, weil es sich "um zwei verschiedene Begriffe mit verschiedenen Zwecken handelt"(94). Politisches Domizil können Studenten auch ausserhalb ihres zivilrechtlichen Wohnsitzes, also am Studienort haben, sofern sie daselbst die Niederlassungsbewilligung eingeholt haben. Diese Regelung wurde in einer jahrzehntelangen Uebung der Verwaltung und der Rechtsunterworfenen angewendet. Im Jahre 1923 stellte BLUMENSTEIN fest, dass sie auch "die herrschende Meinung in Literatur und Judikatur des schweizerischen Staatsrechtes"(95) für sich gewonnen habe. Damit ist auch das Haupterfordernis für die Bildung von Gewohnheitsrecht, die opinio necessitatis, gegeben. Die oben umschriebene gewohnheitsrechtliche Norm hat dem Wohnsitzbegriff des Art. 43, Abs. 2 BV, der die Frage nach dem politischen Domizil der Studenten nicht eindeutig beantwortet, den Sinn verliehen, der der tatsächlichen Uebung entspricht. Wir haben es demnach hier mit Gewohnheitsrecht intra legem zu tun. Es fehlt in den Erwägungen lediglich die Bezeichnung "Gewohnheitsrecht". Das Urteil wird denn auch allgemein im Sinne der Anerkennung von Gewohnheitsrecht verstanden (96).

93) BBl 1896 II 779 ff. = Salis, Bundesrecht III Nr. 1166.

94) Fleiner-Giacometti, Bundesstaatsrecht 483.

95) Blumenstein, Das Stimmrecht der Studenten, MBVR 21, 264.

96) Egger, Komm. zu Art. 23 ZGB, N 16.

b) Die Wahrung amtlicher Fristen (84 II 187)

Verschiedene Gesetzesbestimmungen lassen die Frage offen, ob es zur Wahrung einer Frist genügt, wenn schriftliche Eingaben an amtliche Stellen am letzten Tag der Frist (bis 24. 00 Uhr) der Post übergeben werden und somit unter Umständen erst am andern Tag, also an sich "verspätet" bei der Amtsstelle selbst eintreffen.

Das Bundesgericht kann seine Antwort auf eigene Urteile stützen. Der älteste Entscheid, der im vorliegenden Fall zwar nicht erwähnt wird, stammt aus dem Jahre 1927 (97). Damit kann als erwiesen gelten, dass sich bei den Behörden und Rechtsgenossen eine entsprechende Uebung herausgebildet hatte. Da zudem diese Regelung in Art. 32, Abs. 3 OG und in zahlreichen kantonalen Gesetzen Aufnahme fand, besteht ebenfalls kein Zweifel darüber, dass auch die erforderliche opinio necessitatis angenommen werden darf. Ihrem Wortlaut nach unbestimmte Gesetzesnormen über die Einhaltung amtlicher Fristen können nun nicht anders als im soeben dargelegten Sinne interpretiert werden. Es liegt demnach Gewohnheitsrecht intra legem vor.

Diese Regelung kann aber nur inbezug auf Fristen des Verfahrensrechts Geltung beanspruchen. Von diesen Fristen sind diejenigen zu unterscheiden, innerhalb welcher rechtsgeschäftliche Erklärungen an die Gegenpartei abgegeben sein müssen (so z. B. für die Kündigung). Im vorliegenden Fall hätte somit geprüft werden sollen, ob das Grundbuchamt eine behördliche Funktion erfüllt, oder ob es gesetzlicher Vertreter des Erklärungsempfängers ist.

2. Praeter legem

a) Die selbständige Auflage, Art. 482, Abs. 1 ZGB (76 II 202)

Mit knapper Begründung hält das Bundesgericht fest, dass sich das Institut der selbständigen Auflage gewohnheitsrechtlich ausgebildet habe. Eine solche Erwägung erscheint auf den ersten Blick etwas voreilig, umsomehr als sie zwei nicht ganz zutreffende Folgerungen enthält. Auflagen, welche die Erben direkt belasten, kommen in Testamenten häufig vor, nicht in erster Linie weil sie von der Rechtslehre anerkannt sind, sondern weil solche Verfügungen seit jeher getroffen wurden. Ferner ist die Häufigkeit selbständiger Auflagen natürlich noch kein Beweis dafür, dass sie "geradezu von einer allgemeinen Rechtsüberzeugung" getragen sind. Uebung und Ortsgebrauch kommen auch "häufig" vor und haben trotzdem nicht den Charakter von Rechtsnormen.

Das Bundesgericht hat m. E. hier trotzdem zu Recht Gewohnheitsrecht praeter legem angenommen. Selbständige Auflagen sind im Rechtsleben vor

97) 53 II 98; vgl. vorne die Fussnoten zum Entscheid.

ihrer Erfassung und Anerkennung durch die Wissenschaft aufgetreten. Man denke an die Anordnung, die hinterlassene Heimstätte aufrecht zu erhalten oder an das erblasserische Teilungsverbot (98). In den Anfängen der Rechtsentwicklung wurden solche Verfügungen aus Pietät erfüllt. Es dürfte sich aber Hand in Hand mit der Ausbreitung der Uebung bald die Ueberzeugung eingestellt haben, die Erfüllung solcher Auflagen beruhe auf einer rechtlichen Pflicht und könne nötigenfalls mit Hilfe des Richters durchgesetzt werden. Die vorbehaltlose Anerkennung durch die Wissenschaft (99) ist mit ein sicheres Zeichen für das Bestehen der opinio necessitatis.

b) Das Blankoakzept (88 III 98)

Aus Art. 1000 OR geht hervor, dass die Wechselurkunde alle Erfordernisse lediglich im Zeitpunkt der Geltendmachung der wechselmässigen Ansprüche erfüllen muss. Als Unterart solcher Blankowechsel hat sich in der Uebung der Rechtsgenossen das Blankoakzept herausgebildet, obschon es im Gesetz nicht ausdrücklich geregelt ist. Es liegt hier wie das Bundesgericht durch zahlreiche Literaturhinweise auch aus dem deutschen Recht nachgewiesen hat, nicht nur eine Uebung vor. Im Wechselverkehr gelten Blankoakzepte als rechtsgültig. Der Annahme einer entsprechenden opinio necessitatis und somit eines Gewohnheitsrechts (praeter legem) steht an sich nichts im Wege. Man hätte vom Bundesgericht trotzdem erwarten dürfen, dass es die Wesensmerkmale des Gewohnheitsrechts erläutere und die Frage nach ihrem Bestehen beantworte.

c) Die Weglassung des Namensprädikats "von" (67 II 191 - Namensänderung)

Das Prädikat "von" kann als Bestandteil des Familiennamens oder als Adelsbezeichnung betrachtet werden. In beiden Fällen steht es den Angehörigen solcher Familien nach allgemein bekannter Auffassung frei, das "von" im privaten Verkehr wegzulassen. Dies kommt vielfach auch tatsächlich vor. Wird das Prädikat "von" als Adelsbezeichnung aufgefasst, so kann es im amtlichen Verkehr sogar verboten werden, wie z.B. in den Kantonen Graubünden und Baselland. Es besteht demnach ohne Zweifel eine gesamtschweizerische und von der opinio iuris getragene Uebung, wonach der Gebrauch des Namenprädikats "von" im privaten Verkehr unterbleiben darf.

Das Bestehen der konstitutiven Merkmale des Gewohnheitsrechts wird in den Erwägungen zum Urteil nicht untersucht. Das Bundesgericht stellt lediglich ohne Begründung fest, es liege "eingewurzeltes" Gewohnheitsrecht vor.

d) Die interkantonale Rechtshilfepflicht (36 I 49, 85 I 103)

Die Rechtshilfepflicht der Kantone in Strafsachen beruht auf einer der ältesten gewohnheitsrechtlichen Normen auf dem Gebiete der Eidgenossen-

98) Beispiele zitiert bei Herzer, Erbrechtliche Auflagen und Bedingungen, Diss. Zürich 1941 76.

99) vgl. u.a. Tuor, Komm. zu Art. 482 ZGB N 8; Escher, Komm. zu Art. 482 ZGB N 15; Herzer, a.a.O.

schaft. Schon das Konkordat vom 7. Juni 1810 verweist auf eine entsprechende "alt-eidgenössische Uebung". Ebenso setzte das BG vom 24. Juli 1852 über die Auslieferung von Verbrechern und Angeschuldigten (Ergänzungsgesetz vom 2. Februar 1872) die Rechtshilfepflicht als gegeben voraus. Die Rechtsprechung des Bundesgerichts und die einhellige Doktrin sind übereinstimmend der Auffassung, dass den Kantonen eine allgemeine, sämtliche Rechtshilfehandlungen (Rogatorien, Vollstreckungsmassnahmen usw.) umfassende Pflicht zur Rechtshilfe in Strafsachen (Steuerstrafen eingeschlossen) obliegt. Consuetudo und opinio iuris der Normadressaten sind hier offensichtlich. Die Rechtshilfepflicht wurde auch sehr selten vor dem Bundesgericht in Frage gestellt - und dann jeweils erfolglos (100).

e) Die Kündbarkeit rechtssetzender Konkordate (54 I 188)

Rechtssetzende Konkordate unterliegen nach Gewohnheitsrecht der freien Kündigung durch die beteiligten Kantone (101). Der opinio iuris dieser Norm liegt die Ueberlegung zugrunde, dass schliesslich jeder Kanton seine internen Gesetze ebenfalls aufheben kann; für interkantonal vereinbarte Rechtssätze soll diese Möglichkeit auch bestehen. In Bezug auf die rechtsgeschäftlichen Verträge zwischen den Kantonen hingegen wird der einseitige Rücktritt nur anerkannt, wenn er im Konkordat vorgesehen ist.

II. Usuelles Gewohnheitsrecht (BGE vom 20. Januar 1949 i.S. Forrer - Delegationsklausel) - Contra legem

Nach dem EGzZGB des Kantons Basel-Stadt ist der Ehegerichtspräsident zur Regelung des Besuchsrechtes vor der Scheidung befugt, während für die Zeit nach der Scheidung eine besondere Zuständigkeitsnorm fehlt. Die Zivilkammer erachtete es deshalb als zweckmässig, diese Entscheidungsbefugnis durch eine Klausel in den Scheidungsurteilen an ihren Präsidenten zu delegieren, der ohnehin die persönlichen Beziehungen der Eltern zu den Kindern vor und während des Scheidungsverfahrens regelt. Es entwickelte sich eine entsprechende Uebung, die zur Zeit des Entscheides des Bundesgerichtes mit Bestimmtheit 25 Jahre gedauert hatte. Die Intensität der consuetudo kann gleichermassen als erwiesen gelten, da die betreffende Klausel in alle Urteile über die Scheidung von Ehen mit Kindern aufgenommen wurde.

Das zweite Wesensmerkmal hat das Bundesgericht im vorliegenden Fall m.E. ebenfalls zu Recht als gegeben erachtet. Die Aufnahme der in Frage stehenden Klausel wurde bis anhin von den Normadressaten, d.h. von den Parteien und ihren Anwälten, widerspruchslos hingenommen. Im weitern hat das Bundesgericht als Berufungsinstanz die in den basel-städtischen Schei-

100) vgl. Zitate in 85 I 103.

101) Diese Auffassung vertritt auch Fleiner/Giacometti, Bundesstaatsrecht 162.

dungsurteilen enthaltene Delegationsklausel unbeanstandet gelassen. Die Zuständigkeit des Ehegerichtspräsidenten zur Regelung des Besuchsrechtes nach der Scheidung war von den Parteien gar nicht bestritten worden. Dass hier organisatorisches Recht vorliegt, ändert an den Voraussetzungen, die an die Bildung von Gewohnheitsrecht gestellt werden müssen, wenig. Lediglich dürfte die Uebung an sich von geringerer Dauer sein. Inbezug auf die opinio necessitatis dagegen ist kein Nachlassen angängig. Dieser Fall stellt ein typisches Beispiel für die Entstehung von usuellem Gewohnheitsrecht dar.

Die Prozessordnung des Kantons Basel-Stadt gibt auf die Frage, wer für die Regelung des Besuchsrechts nach der Scheidung zuständig sei, keine ausdrückliche Antwort. Es gilt deshalb die allgemeine Zuständigkeitsordnung. Die betreffende Entscheidungsbefugnis fällt nach dem Gesetz in die Zuständigkeit der Zivilkammer. Es liegt demnach usuelles Gewohnheitsrecht contra legem vor.(102)

B. Altes Gewohnheitsrecht

I. Eigentliches Gewohnheitsrecht

1. Praeter legem

a) Vorzugsaktien (51 II 412; 59 II 44)

Erst mit der Revision des OR vom 18. Dezember 1936 hat das Institut der Vorzugsaktie eine gesetzliche Regelung im Aktienrecht erfahren. Weder das alte OR von 1881 noch dasjenige von 1911 sahen Prioritätsaktien vor. Einzig die Verordnung des Bundesrates vom 20. Februar 1918 betreffend die Gläubigergemeinschaft bei Anleihensobligationen (103) gestattete auf Grund von Art. 16, Ziff. 10, mit qualifizierter Mehrheit Anleihensobligationen in Vorzugsaktien umzuwandeln.

Das Bundesgericht stellt in beiden Urteilen fest, dass der Ausgabe von Prioritätsaktien keine Gesetzesbestimmung entgegenstehe und dass diese Aktien durch die erwähnte Verordnung "eine Art gesetzliche Sanktion" erfahren hätten. Das Institut habe sich "praeter legem" entwickelt und spiele "in der heutigen Praxis des Aktienwesens eine grosse Rolle".

Seltsamerweise wird in den oben genannten Entscheiden nicht einmal die Möglichkeit erwogen, die Vorzugsaktien auf gewohnheitsrechtliche Grundlage zu stellen. Der Gerichtshof anerkennt ja selbst, dass Vorzugsaktien

102) Das Zivilgericht Basel-Stadt hat dem Verfasser am 7. Oktober 1965 schriftlich bestätigt, dass es nach wie vor - wie übrigens auch das Appellationsgericht - die oben erwähnte Delegationsklausel in Scheidungsurteile aufnimmt.

103) Aufgehoben und ersetzt durch die Art. 1157 ff. OR (Revision vom 1. April 1949).

häufig ausgegeben wurden. Es war bestimmt auch ihm bekannt, dass die Privilegierung einer Aktionärgruppe zur Uebung geworden war und als rechtsgültig angesehen wurde. Ausserdem hatte die Doktrin gegen die Ausgabe von Vorzugsaktien bei der Gründung einer Aktiengesellschaft oder mit nachträglicher Statutenänderung keine Bedenken erhoben (104). Unter diesen Umständen kann auch die opinio necessitatis als gegeben betrachtet werden. Das Aufkommen von Vorzugsaktien bildet geradezu einen klassischen Fall für die Bildung von Gewohnheitsrecht.

b) Rückerstattung des Militärpflichtersatzes (56 I 37)

Das BG über den Militärpflichtersatz vom 28. Juni 1878 sah keine Rückerstattung des geleisteten Ersatzbetrages vor, wenn der versäumte Militärdienst nachgeholt wurde. Diese Lücke füllte der Bundesrat mit der VO vom 24. April 1885 vorerst nach einer Richtung aus. Anspruch auf Rückerstattung der Ersatzabgabe erhielt der Dienstpflichtige, der für einen nach bestandener Rekrutenschule versäumten und später nachgeholten Wiederholungskurs den Militärpflichtersatz entrichtet hatte. Die Rückerstattungspflicht blieb demnach auf versäumte Wiederholungskurse beschränkt. Das Kreisschreiben des Bundesrates vom 30. September 1897 ging einen Schritt weiter. Der Militärpflichtersatz war nun auch für den Fall zurückzuerstatten, da ein nachgeholter Wiederholungskurs nicht versäumt, sondern vor der verspätet - d.h. nicht mit dem Jahrgang bestandenen - Rekrutenschule mangels Militärdienstpflicht nicht absolviert worden war. Damit war die Rückerstattungspflicht des Bundes bei Nachholung eines Wiederholungskurses in jedem Fall gegeben.

Den Begehren um Rückerstattung der Ersatzabgabe für seinerzeit nicht absolvierte und nun nachgeholte Wiederholungskurse gaben die Behörden seit dem Kreisschreiben des Bundesrates aus dem Jahre 1897 statt. Zur Zeit des Entscheides lag mithin eine über 30 Jahre alte und ohne Zweifel auch ständige Uebung vor. Die Ueberzeugung, dass die Behörden rechtlich verpflichtet waren, in den genannten Fällen die geleistete Ersatzabgabe zurückzuerstatten, entsprang dem Wesen des Militärpflichtersatzes. Die Entstehung der opinio necessitatis wurde auch dadurch gefördert, dass die Verwaltung eine Regelung zu Gunsten der Ersatzpflichtigen eingeführt hatte.

Es sei an dieser Stelle aber auch auf die Gefahr hingewiesen, dass eine nachgiebige Verwaltung im Steuer- und Abgaberecht die Erfüllung von Leistungspflichten nach und nach nicht mehr durchsetzt und dadurch das Gesetz aufweicht. Eine unter dem ungerechtfertigten Druck von Abgabepflichtigen und wegen der Schwäche der Behörden entstandene Praxis könnte die Rechtspflichtüberzeugung nicht für sich gewinnen.

104) Vgl. Botschaft des Bundesrates zur Revision des OR vom 18. Dezember 1936 (BBl 1928, I. Bd. S. 205 ff.).

Abschliessend sei noch darauf hingewiesen, dass mit dem vorliegenden Entscheid das Bundesgericht die Lücke des Gesetzes vom 28. Juni 1878 vollständig ausfüllte. Die Rückerstattung wurde von da an nicht mehr auf Wiederholungskurse beschränkt, sondern auf sämtliche nachgeholten Dienste ausgedehnt (105).

2. Contra legem

a) Art. 873 aOR (38 II 175; 45 II 623; 47 II 64)

Das bekannteste Beispiel für derogierendes Gewohnheitsrecht bildet die Aufnahme von Namen lebender Personen in die Firma der Aktiengesellschaft entgegen dem Wortlaut des Art. 873 aOR (106). Die Bestimmung lautete:

"Aktiengesellschaften und Genossenschaften können ihre Firma frei wählen; nur muss sich dieselbe von jeder bereits eingetragenen Firma deutlich unterscheiden und darf keinen Namen einer bestimmten lebenden Person enthalten"(107).

Der Gesetzgeber verfolgte mit dieser Regelung die Absicht, die Möglichkeit einer Verwechslung mit andern kaufmännischen Firmen auszuschliessen (108). Die Anwendung dieses Artikels stiess aber bald auf Schwierigkeiten, insbesondere bei der Umwandlung einer Einzelfirma, einer Kollektiv- oder Kommanditgesellschaft in eine Aktiengesellschaft. Das Interesse an der Beibehaltung der bisherigen Firmenbezeichnung, mit welcher der gute Ruf eines Unternehmens verbunden war, erwies sich stärker als das gesetzliche Verbot. Der Bundesrat musste 20 Jahre nach Erlass des aOR eingestehen, dass bereits zu diesem Zeitpunkt eine "Praxis der Handelsregisterführung unter Billigung der eidg. Aufsichtsbehörde" sich entwickelt hatte, welche die Bezeichnung "Aktiengesellschaft" in Verbindung mit dem Namen einer lebenden Person als zulässig betrachtete (109). Im zitierten Entscheid des Bundesrates wurde die erwähnte Praxis sanktioniert. Damit war eine endgültige Bresche in den Art. 873 aOR geschlagen worden. Am 16. Dezember 1918 ergänzte der Bundesrat die Verordnung vom 6. Mai 1890 über das Handelsregister und das Handelsamtsblatt mit der Bestimmung, dass bei Umwandlung einer Einzelfirma oder einer Kollektiv-, Kommandit- oder Kommanditaktiengesellschaft in eine Aktiengesellschaft oder Genossenschaft die bisherige

105) Vgl. zu diesem Urteil: Höhn 64/5.

106) Vgl. Egger, Komm. zu Art. 1 ZGB N 32; Burckhardt, Methode 39/40; Simonius 24; Reichel, Gesetz 150; Gmür, Anwendung 95; Pache 51 Anm. 43, 220. Germann, Probleme 148, vertritt hingegen die Auffassung, Art. 873 aOR sei "bereits mehr oder weniger obsolet geworden" und nicht durch Gewohnheitsrecht verdrängt worden.

107) aOR vom 14. Juni 1881, AS 5, 635 ff.

108) v. Salis, Schweiz. Bundesrecht, Bd. 4, Nr. 1646 (Entscheid des Bundesrates); Burckhardt, Verhandlungen des Schweiz. Juristentages, ZSR NF 16, 1897.

109) v. Salis a. a. O.

Firma in die Firma der neuen Aktiengesellschaft oder Genossenschaft aufgenommen werden dürfe, wenn die bisherige Firma in unveränderter Weise mindestens während des vorangehenden Jahres im schweiz. Handelsregister eingetragen war.

Es ist deshalb nicht erstaunlich, dass das Bundesgericht, nachdem die Verwaltungsrechtspflege in Registersachen in seine Kompetenz gelegt worden war (Art. 99 I lit. d OG), nie die Gelegenheit erhielt, grundsätzlich zu der mit Art. 873 aOR im Widerspruch stehenden Praxis Stellung zu nehmen. In drei oben zitierten Entscheiden aus den Jahren 1912, 1919 und 1921 stellt das Gericht lediglich nebenher fest, dass es angesichts der Auslegung und Anwendung des Art. 873 durch die Verwaltungsbehörden es zulässig sei, den Namen einer lebenden Person in die Firma einer Aktiengesellschaft aufzunehmen. Damit bestand auch nicht der Anlass zu untersuchen, ob die dem Gesetz derogierende Uebung von der opinio necessitatis begleitet war. Somit hat der immer wieder angerufene Fall eines Gewohnheitsrechts contra legem in der Rechtsprechung des Bundesgerichts nur schwache Spuren hinterlassen. Es ist auch nicht bekannt, dass je ein anderes Gericht sich mit der dem Art. 873 aOR widersprechenden Firmenbezeichnung der Aktiengesellschaft zu befassen hatte (110).

b) Die Festlegung der Bemessungsperiode (BGE vom 6. Februar 1901, MBVR 1, 470)

Das bernische Einkommenssteuergesetz vom 18. März 1865 setzte die Bemessungsperiode auf 3 Jahre fest. Die Vollziehungsverordnungen der Jahre 1866 und 1878 sahen aber vor, dass sich die Einschätzungen auf die Gewinn- und Verlustrechnung "des letztabgelaufenen Jahres" stützen müssen. Auf Grund dieser Normen auf der Verordnungsstufe entwickelte der Regierungsrat eine entsprechende gesetzwidrige Praxis, die der Ueberprüfung auf Willkür durch das Bundesgericht mit Urteil vom 6. Februar 1901 Stand hielt.

Bedenklich an der Begründung des Bundesgerichtsurteils ist nach heutigen Begriffen die Verwischung der Grenze zwischen Gesetz und Verordnung. Im Verwaltungsrecht - so heisst es da - sei diese Grenze "flüssiger" als im Zivil- oder im Strafrecht. Ein solcher Satz wird in keinem neueren Urteil mehr zu finden sein. Im Ergebnis jedoch darf dem Entscheid zugestimmt werden. Nach einer Praxis von mehr als 30 Jahren, die auf Initiative der Behörden entstanden war, dürfte allgemein die Ueberzeugung aufgekommen sein, beim Vorliegen einer Gewinn- und Verlustrechnung betrage die Bemessungsperiode von Rechtes wegen 1 Jahr. Daran könnte lediglich dann gezweifelt werden, wenn die Behörden auf den Widerstand der Steuerpflichtigen gestos-

110) Simonius 39.

sen wären. Entsprechende Anhaltspunkte fehlen jedoch. Zudem handelt es sich im vorliegenden Fall nicht um die Schaffung einer steuerrechtlichen Verpflichtung, für die nach BLUMENSTEIN (111) Gewohnheitsrecht eine ungenügende Grundlage bilden würde. Die gewohnheitsrechtliche Bestimmung des für die Bemessung einer Steuer massgebenden Zeitraumes kann jedoch unter der Voraussetzung als zulässig gelten, dass sie sich für alle Pflichtigen oder eine bestimmte Kategorie von ihnen in derselben Berechnungs- und Veranlagungsperiode auswirkt.

c) Die Zuständigkeit zur Wahl von Gemeindeangestellten und Behörden des Kantons Solothurn (BGE vom 23. Juni 1934 i.S. Mattenberger)

Der Gemeinderat von Schönenwerd wählte am 7. Februar 1934 einen neuen Strassenmeister und setzte das Gehalt auf über 5 000 Franken fest. Nach dem solothurnischen Gemeindegesetz aus dem Jahre 1871 fehlte ihm jedoch hiezu die Kompetenz. Dieses Gesetz schreibt nämlich vor, dass die Wahl von Gemeindeangestellten, die ein Gehalt von mehr als 500 Franken beziehen, von der Gemeindeversammlung vorzunehmen ist. Die fortschreitende Geldentwertung hätte aber mit der Zeit dazu geführt, dass praktisch sämtliche Gemeindeangestellten in der Gemeindeversammlung hätten gewählt werden müssen. Um dieser Komplikation aus dem Wege zu gehen, erklärte die kantonale Regierung im Jahre 1889, die Höhe des Gehaltes sei für die Bestimmung der Wahlbehörde nicht mehr massgebend. Mit regierungsrätlichem Entscheid vom Jahre 1908 entwickelte sich die Praxis, dass nur noch Beamte "mit einem grösseren und wichtigeren Aufgabenkreis" von der Gemeindeversammlung gewählt wurden. "Sonstige Angestellte", wie z.B. der Strassenmeister von Schönenwerd, konnten vom Gemeinderat gewählt werden. Eine entsprechende Bestimmung wurde in die Gehalts- und Lohnordnung der Einwohnergemeinde Schönenwerd aus dem Jahre 1929 aufgenommen.

Das Bundesgericht schützt die Praxis des Regierungsrates nur widerwillig, weil es im Rahmen der Ueberprüfung auf Willkür ausreichende Gründe zum Einschreiten nicht für gegeben erachtete. Erstens sei die Zulassung von derogatorischem Gewohnheitsrecht an sich nicht willkürlich; zweitens sei hier die Annahme von Gewohnheitsrecht, wenn auch "gewiss sehr zweifelhaft", doch nicht unhaltbar. Schliesslich aber bezeichnet der Gerichtshof die in Frage stehende Praxis als "bedenklich und dem Ansehen der Rechtsordnung wenig förderlich".

Die Frage ist aber trotzdem berechtigt, ob man nicht auch bei freier Prüfung im vorliegenden Fall zur Anerkennung von Gewohnheitsrecht contra legem gelangen würde. Die mit dem Gesetz im Widerspruch stehende Uebung wurde mehr als 25 Jahre lang befolgt. Eine solche Dauer hat das Bundesgericht in einem späteren Entscheid als ausreichende Grundlage für die Bildung von

111) System 13.

Gewohnheitsrecht anerkannt (112). An der Intensität und Regelmässigkeit der consuetudo ist schon deshalb nicht zu zweifeln, weil unter dem Druck der Verhältnisse der Regierungsrat bereits im Jahre 1889 erklärt hatte, die Besoldungshöhe sei nicht mehr das gültige Kriterium für die Kompetenzausscheidung zwischen Gemeinderat und Gemeindeversammlung. Es wird kaum eine Gemeinde gegeben haben, die diese Lockerung der gesetzlichen Schranke nicht begrüsst und fortan stets die regierungsrätliche Erlaubnis benützt hätte. Für die Bestätigung dieser Uebung durch die opinio necessitatis spricht die Tatsache, dass die neue Praxis in Erlasse von Gemeinden aufgenommen wurde. Man kann daraus schliessen, dass mit der Zeit das Bewusstsein der Gesetzeswidrigkeit offenbar vollständig von der Rechtsüberzeugung verdrängt wurde, der Gemeinderat sei zur Wahl von Angestellten der unteren Lohnklassen allein zuständig. Diese Rechtspflichtüberzeugung war sicher allgemein verbreitet, da gerade der einzelne Bürger eingesehen hatte, dass einer dermassen überholten Vorschrift keine Gesetzeskraft mehr zukommen konnte. Es dürfte deshalb zutreffend sein, hier von derogatorischer Kraft des Gewohnheitsrechts zu sprechen.

II. Usuelles Gewohnheitsrecht (praeter legem)

1. Das Bürgerrecht der einen Ausländer heiratenden Schweizerin und ihrer Kinder

Die Regel: Verlust des schweizerischen Bürgerrechts

Bereits der Tagsatzungsbeschluss vom 5. Juli 1808 stellt die Bestimmung auf, dass die Ehefrau durch den Abschluss der Ehe das Bürgerrecht des Ehemannes erwirbt (113). Diesen Grundsatz hat das Bundesgericht in einem ersten Urteil als solchen befolgt (113) und ihm in zwei späteren Entscheiden ausserdem gewohnheitsrechtlichen Charakter beigemessen (114). In der Praxis ist damit stets die Meinung verbunden worden, dass die Frau mit der Eheschliessung zugleich ihr bisheriges Bürgerrecht verliere, damit nicht der unerwünschte Status des Doppelbürgers eintrete (115). Dass eine solche Uebung der Gerichte und der Beteiligten die opinio necessitatis für sich gewonnen hatte, kann wohl nicht bestritten werden.

Die Ausnahme: Beibehaltung des Bürgerrechts

Der Verlust des Bürgerrechts durch Heirat mit einem Ausländer könnte anderseits für die Schweizerin zu einem Ergebnis führen, das es ebenso wie das Doppelbürgerrecht zu vermeiden gilt, nämlich die Staatenlosigkeit. Dies

112) BGE vom 20. Januar 1949, i.S. Forrer (Delegationsklausel).

113) 35 II 525.

114) 36 I 215; 68 I 56.

115) 35 II 525.

wäre der Fall, wenn der Ehemann selbst staatenlos ist oder wohl ein ausländisches Bürgerrecht besitzt, das aber aus irgendeinem Grunde seiner Ehefrau nicht zuteil wird. Um die Heimatlosigkeit zu verhindern, bildete sich durch die Praxis der Bundesbehörden schon vor der Einsetzung eines ständigen Bundesgerichts im Jahre 1874 zu Gunsten der Schweizerin ein Ausnahmerecht: Sie behält ihr Schweizerbürgerrecht, wenn der Ehemann staatenlos ist oder wenn sie sein Bürgerrecht durch Heirat nicht erwerben kann. Diese Ausnahmeregel hat das Bundesgericht in einer langen Reihe von Entscheiden immer wieder bestätigt (116), sie aber erst dann nachträglich als Gewohnheitsrecht bezeichnet, nachdem sie in den BRB vom 11. November 1961 (Art. 5, Abs. 2) aufgenommen worden war (117). Die Wesensmerkmale des Gewohnheitsrechts waren für die Ausnahmeregel gegeben.

Das Bürgerrecht der Kinder

Unter gewöhnlichen Verhältnissen gilt für die Kinder ebenfalls der Grundsatz, dass sie das Bürgerrecht des Vaters besitzen. Ist aber dieser staatenlos oder erhalten die Kinder sein Bürgerrecht nicht (ein Fall, der nur ganz selten eintreten dürfte), so wird ihnen die Staatsangehörigkeit der Mutter zuteil, die der soeben dargelegten Ausnahmeregel entsprechend Schweizerin geblieben ist. Solche Kinder werden demnach als Schweizer geboren. Sie sollen nicht schlechter gestellt sein als die ausserehelichen Kinder einer Schweizerin (118). Diese zweite Ausnahmeregel - Fortsetzung und Ergänzung der ersten - wurde ebenfalls durch eine langjährige Praxis des Bundesgerichts bestätigt (119). Zum Gewohnheitsrecht erklärt wurde dieser Grundsatz erst nach seiner Aufnahme in den BRB vom 11. November 1941 (120).

Erwerb und Verlust des Kantons- und Gemeindebürgerrechts

Das Bundesgericht hat die Sonderregeln zugunsten der Schweizerin und ihrer ehelichen Kinder auch auf den Erwerb und Verlust des Kantons- und Gemeindebürgerrechts anwendbar erklärt und es damit zugelassen, dass das von der Ehefrau infolge der Heirat mit einem Staatenlosen beibehaltene Kantons- und Gemeindebürgerrecht unterging, nachdem der Mann sich in einem andern Kanton eingebürgert hatte (121). Hier handelt es sich um geltendes Recht kraft richterlicher Rechtsfindung und nicht um Gewohnheitsrecht, da weder eine Uebung der Rechtsgenossen noch der Gerichte nachgewiesen ist.

116) 5, 75; 7, 85; 17, 39/92; 23 II 1390; 35 II 525; 36 I 215; 60 I 67; 61 I 241; 68 I 56; 68 I 206.

117) 74 I 346; 76 I 374; 77 I 126; 80 I 74; 83 I 59. Heute gilt das BG vom 27. September 1952 über Erwerb und Verlust des Schweizerbürgerrechts (BRG), Art. 9 (AS 1952, 1087).

118) 35 II 532.

119) 7, 85; 17, 92; 23 II 1390; 35 II 525; 54 I 230; 60 I 67.

120) 68 I 206; 76 I 374; 77 I 126; 80 I 74. Vgl. BRG Art. 5, Abs. 1.

121) 77 I 126.

2. Die Delegation von Kompetenzen des Präsidenten des Bezirksgerichtes im Kanton St. Gallen (BGE vom 17. Juni 1953 i.S. Billeter)

Vorsorgliche Massnahmen im Scheidungsprozess (Art. 145 ZGB) hat nach Art. 48, Ziff. 4 ZPO des Kantons St. Gallen der Präsident des Bezirksgerichtes zu treffen. Es lebte sich aber im Widerspruch zur ZPO die Praxis ein, dass der Bezirksgerichtspräsident seine Befugnisse auf dasjenige Mitglied des Gerichtes übertrug, das den Scheidungsprozess instruiert hatte und das somit die Verhältnisse der Parteien am besten kannte.

Eine entsprechende Uebung kann nach der Feststellung des Bezirksgerichtes St. Gallen anhand der Gerichtsprotokolle bis in das Jahr 1936 zurück verfolgt werden. Laut Bericht des Kantonsgerichtes besteht die Praxis mindestens seit 1944. Das Bundesgericht erachtet den früheren Zeitpunkt als massgebend und anerkennt eine Uebung von 16jähriger Dauer, nämlich von 1936 bis zur ersten im vorliegenden Prozess vom Instruktionsrichter am 8. Januar 1952 erlassenen Verfügung gemäss Art. 145 ZGB. Ob bereits im Jahr 1936 eine Uebung bestand oder ob damals lediglich einige Einzelfälle vorlagen, steht m.E. offen. Immerhin muss sich die Uebung zwischen 1936 und 1944 gebildet haben, sodass sich eine rund 10 bis 12jährige Praxis ergibt, die für die Entstehung von Gewohnheitsrecht - zumal organisatorischer Natur - genügt. Bei der Häufigkeit von Scheidungsprozessen kann an der Intensität der Uebung ebenfalls nicht gezweifelt werden.

Auch das Bestehen der opinio necessitatis kann im vorliegenden Fall angenommen werden. Die Uebung wurde während ihrer Dauer von keiner Prozesspartei mit Ausnahme des Beschwerdeführers angefochten, und zudem hat das Kantonsgericht als Aufsichtsbehörde die Praxis, die ihm bekannt war, nie beanstandet. Dazu kommt, dass sich die Regelung in den Augen aller Beteiligten als besonders zweckmässig erwies. Es liegt somit Gewohnheitsrecht contra legem vor. Es ist usuelles Gewohnheitsrecht, da es der Gerichtspraxis entsprungen ist.

Dieses Gewohnheitsrecht ist mit der Partialrevision vom 20. Dezember 1954 in Art. 348 der st.gallischen ZPO, der das Verfahren bei vorsorglichen Verfügungen in Ehestreitsachen betrifft, in Gesetzesrecht übergeführt worden.

C. Die irrtümliche oder fragwürdige Annahme von Gewohnheitsrecht durch das Bundesgericht

I. 35 I 439 (Notwegrecht)

Das Bundesgericht kommt anhand von drei kantonalen Entscheiden zum Schluss, dass im Kanton Nidwalden kraft Gewohnheitsrechts entgeltliche Notwegrechte nicht nur für landwirtschaftliche, sondern, wie im vorliegenden

Fall, auch für gewerbliche Bedürfnisse begründet werden können. Dabei handelt es sich beim letzten der drei angeführten Entscheide um das in diesem Verfahren angefochtene Urteil der Vorinstanz. Inwieweit diese "Erkenntnisquelle", wie sich das Gericht ausdrückt, eine genügende Grundlage für die Annahme von Gewohnheitsrecht bildet, könnte anhand der Motive des Urteils geprüft werden. Diese geben darüber jedoch überhaupt keinen Aufschluss, so dass das Bestehen von Gewohnheitsrecht zur Zeit der Urteilsfällung als fragwürdig erscheint.

II. 45 I 54 (Bergregal)

In einer früheren Entscheidung (122) stellte das Bundesgericht fest, dass der Vorbehalt von Art. 664, Abs. 1 und 3 ZGB die Kantone auch zum Erlass öffentlich-rechtlicher Vorschriften "in spezieller Erweiterung des Art. 6, Abs. 1 ZGB" ermächtige; die Objekte des Bergbaus gehörten nach der Idee des Bundesgesetzgebers zu den öffentlichen Sachen im Sinne von Art. 664 ZGB (123). Aus diesen Erwägungen ergebe sich die Berechtigung der Kantone zur Einführung des Bergregals durch den Erlass eines Gesetzes. In diesem Entscheid hat das Bundesgericht mit einem weiteren Schritt auch das Gewohnheitsrecht als ausreichende Grundlage für die vom Kanton beanspruchten Regalrechte anerkannt.

Bis dahin ist den Ausführungen des Gerichtshofes zuzustimmen. Fragwürdig jedoch bleibt die Anerkennung, dass eine gewohnheitsrechtliche Norm bestehe. Eine Uebung könnte vielleicht noch entstanden sein, wenn nach den Ausführungen der kantonalen Regierung in den Jahren unmittelbar vor dem Urteil "eine Reihe" von Konzessionen zur Ausbeutung von Kohle erteilt wurde. Nachgewiesen ist sie jedoch nicht. Dasselbe trifft auf die opinio necessitatis zu, die in einem Kanton ohne nennenswerten oder mit nur auf einem engen, lokalen Raum beschränkten Bergbau jedenfalls nicht auf der Hand liegt, (124), wie das Bundesgericht stillschweigend annimmt. Das entscheidende Merkmal des Gewohnheitsrechts wird nämlich in den Erwägungen nicht einmal erwähnt. Das Gericht scheint auch der Tatsache, dass der Rekurrent das Bestehen eines Gewohnheitsrechts nicht bestritten und die Darlegungen der kantonalen Regierung in der Botschaft zum Entwurf eines Bergbaugesetzes nicht angefochten hat, eine zu grosse Bedeutung beizumessen. Selbst im Rahmen einer blossen Ueberprüfung auf Willkür dürfte es nicht angängig sein, lediglich aus dem Fehlen negativer Momente auf das Bestehen von Gewohnheitsrecht zu schliessen.

122) 44 I 167.

123) Vgl. dazu Liver, Komm zu Art. 5, N 15.

124) Liver, Komm. zu Art. 5 ZGB N 40.

III. BGE vom 11. März 1938 i.S. Canonica und 83 I 242 - Bedürfnisklausel für den Kleinhandel mit geistigen Getränken (125)

In beiden Urteilen schützt das Bundesgericht den Standpunkt des Regierungsrates des Kantons Schwyz, wonach die Praxis, die Bedürfnisklausel des kantonalen Wirtschaftsgesetzes für Wirtschaften auch auf den Kleinvertrieb geistiger Getränke anzuwenden, zum Gewohnheitsrecht geworden sei.

Die Gründe, die vom Gericht für die Gewohnheitsrechtsbildung geltend gemacht werden, sind im zweiten Entscheid noch weniger überzeugend als im ersten. Im neueren Urteil können für das Bestehen von Gewohnheitsrecht lediglich die Tatsachen angeführt werden, dass die Rekurrentin im staatsrechtlichen Beschwerdeverfahren die gewohnheitsrechtliche Regel nicht bestritten habe und dass ihre Anwendung durch den Regierungsrat bis anhin scheinbar nie angefochten worden sei. Im Fall Canonica wird kurz festgestellt, die Praxis sei 17 Jahre alt und habe sich "eingelebt, ohne auf ernstlichen Widerstand zu stossen". Das Bundesgericht räumt immerhin ein, die Auffassung des Regierungsrates "möchte vielleicht einer freien Ueberprüfung nicht Stand halten"; willkürlich sei sie jedoch nicht.

Eine opinio iuris der Normadressaten oder doch eines überwiegenden Teils der Rechtsgenossen lässt sich hier keinesfalls annehmen. Die Tatsache, dass sich einige wenige Ladeninhaber der ihnen von der Verwaltung auferlegten Konzessionspflicht unterzogen haben, kann nicht als Beweis für eine bestehende opinio iuris gelten. Diese einseitige Verwaltungspraxis kann deshalb nicht zur Bildung von Gewohnheitsrecht geführt haben.

IV. 74 I 41 (Unvordenklichkeit)

Diesem Entscheid liegt die unrichtige Anwendung des Instituts der Unvordenklichkeit zugrunde. Die praescriptio immemorialis ersetzt den Erwerbstitel eines subjektiven Rechtes. Sie kann aber nicht dazu dienen, den Beweis für das Bestehen einer Rechtsnorm und für ihre Anwendung zu erbringen (126).

V. 81 I 81 (Wasserrechtskonzession)

Die Befugnis zur Erteilung von Wasserrechtskonzessionen stand nach der Auffassung des Bundesgerichtes im Kanton Schwyz vor dem Erlass des kantonalen Wasserrechtsgesetzes von 1908 auf Grund von Gewohnheitsrecht den Bezirken zu. Diese Feststellung wird im Urteil nicht weiter begründet. Hinweise auf Gerichtsurteile, auf die Literatur oder auch nur auf Entscheide der Konzessionsbehörde fehlen.

125) Vgl. Kritik von Hans Huber, ZBJV 94 (1958), 465.

126) Vgl. vorne § 1, IV.

Unter solchen Umständen bleibt die Frage, ob die schwyzerischen Bezirke vor 1908 die gewohnheitsrechtliche Kompetenz zur Erteilung von Wasserrechtskonzessionen hatten, durchaus offen.

VI. 82 II 120 (Beweisregel - Saumrecht)

Gemäss Art. 106, Abs. 4 EGzZGB des Kantons Appenzell Innerrhoden wird bei streitigen Rechtsansprüchen im Zweifelsfalle eine altrechtliche Wegdienstbarkeit, das sog. Saumrecht, als bestehend betrachtet. Das Bundesgericht stellt fest, mit dem Erlass dieser Bestimmung sei altes kantonales Gewohnheitsrecht in gesetztes Recht übergeführt worden.

Auch die Frage nach dem Bestehen von altem Gewohnheitsrecht darf m. E. nicht bloss mit einer Behauptung beantwortet werden. Das Bundesgericht hätte hier z. B. auf Landbücher oder Gerichtsurteile hinweisen müssen. Die vorliegenden Erwägungen reichen nicht aus, um Art. 106, Abs. 4 EGzZGB mit Sicherheit als kodifiziertes Gewohnheitsrecht zu bezeichnen. (127)

VII. 83 I 173 (Suffrage féminin)

Art. 23 der Staatsverfassung des Kantons Waadt, der "tous les Suisses" mit zurückgelegtem 20. Altersjahr wahl- und stimmberechtigt erklärt, könnte dem Wortlaut nach verschieden ausgelegt werden. Umfasst der Begriff "les Suisses" nur den männlichen Teil der Bevölkerung oder auch den weiblichen? Die Beschwerdeführerinnen waren der Auffassung, es sei lediglich eine Aenderung der Auslegung der betreffenden Verfassungsbestimmung notwendig. Das Gericht erwiderte, dass es an die bisher anerkannte Auslegung durch eine ständige Rechtsübung gebunden sei. Der Richter ist aber lediglich dann an eine Uebung gebunden, wenn es sich dabei um Gewohnheitsrecht handelt. Diese Rechtsquelle meint wahrscheinlich das Bundesgericht, wenn es "d'une sorte de coutume" spricht (128).

Von Gewohnheitsrecht kann hier aber kaum die Rede sein. Denn es liegt eine Verfassungsnorm vor, deren Interpretation zum eindeutigen Ergebnis führt, dass unter den stimm- und wahlberechtigten Schweizer im Kanton Waadt nur die Männer verstanden sind. Dass Art. 23 der waadtländischen Staatsverfassung auch immer in diesem Sinne gehandhabt wurde, ist bloss eine Bestätigung der Richtigkeit der Interpretation der in Frage stehenden Norm.

VIII. 83 II 345 (Rechtsmissbrauch)

Allgemeine Rechtsgrundsätze, die unmittelbar anwendbare Entscheidungsnormen bilden, haben juristische Geltung und sind demnach für die Norm-

127) vgl. zu diesem Urteil: Liver, Komm. zu Art. 740 ZGB N 61 ff.; derselbe, ZBJV 94 (1957), 49 ff.

128) vgl. 88 I 173: "coutume" bedeutet hier zweifellos ebenfalls "Gewohnheitsrecht".

adressaten, den Richter und die Verwaltung verbindlich (129). Sie stellen für sich eine Rechtsquelle dar, die sich als solche vom Gewohnheitsrecht unterscheidet.

Der Grundsatz des Handelns nach Treu und Glauben und seine negative Ausgestaltung, das Verbot des Rechtsmissbrauches,ist ein konkretisierter, unmittelbar anwendbarer Rechtssatz, der mithin eigene Geltung beansprucht. Die Verbindlichkeit wird ihm nicht erst durch die Aufnahme in ein Gesetz verliehen, sondern besteht unabhängig davon. Die Erklärung des Bundesgerichts, der Grundsatz von Treu und Glauben gelte kraft kantonalen Gewohnheitsrechts trifft deshalb nicht zu. Missverständlich ist im übrigen die Gleichsetzung des Gewohnheitsrechtes mit dem Gerichtsgebrauch, der ja an sich noch keine Rechtsnorm gebildet hat, solange die Uebung der Gerichte nicht von der opinio necessitatis getragen wird.

IX. 85 II 243 (Weidnutzungsrechte)

Das Bundesgericht anerkennt auf Grund der Feststellungen der Vorinstanz ohne Ueberprüfung, zu der es allerdings keinen unmittelbaren Anlass hatte, dass die Weidnutzungsrechte der Grundeigentümer in den Freibergen auf Gewohnheitsrecht beruhen. Der Regierungsrat des Kantons Bern hatte in einem ersten Entscheid aus dem Jahre 1926 diese Rechte auf die Erlasse (ordonnances) des Fürstbischofs von Basel zurückgeführt (130). Zwanzig Jahre später erklärt die gleiche Behörde, die Grundeigentümer hätten die Weidnutzungsrechte "kraft Gewohnheitsrecht" erworben (131).

Wir haben es hier mit der Frage nach dem Bestehen subjektiver Rechte und nicht einer objektiven Rechtsnorm zu tun. Die oben genannten Nutzungsrechte können deshalb nicht gewohnheitsrechtlichen Charakter haben. Entweder wurden sie durch Erlasse des Fürstbischofs von Basel begründet oder dann liegt ihre Entstehung noch weiter in der Zeit zurück. In diesem Fall würde der Rechtstitel der Unvordenklichkeit vorliegen (132).

Gewohnheitsrechtlichen Charakter könnte nur eine Norm haben, kraft deren diese Weiden, die wohl der Gemeinde gehören, der Beweidung durch alle in der Gemeinde gehaltenen Pferde offenstehen, ohne einer Hirtschaft unterstellt zu sein (133).

129) Vgl. Liver 11, 26 ff.

130) 6. August 1926 (MBVR 24, 354 Nr. 136).

131) 12. Oktober 1945 (MBVR 44, 73 Nr. 31).

132) Vgl. die inbezug auf den Hinweis auf Gewohnheitsrecht unrichtige Bemerkung des bern. Appellationshofes in 85 II 243, es handle sich um eine "coutume immémoriale"; ferner vorne § 1, IV.

133) Vgl. Liver, Komm. zu Art. 740 ZGB, N 20,37,38 (Gemeinatzung im Kanton Graubünden).

X. 86 II 243 (Grunddienstbarkeit)

Dieses Urteil weckt im Leser unwillkürlich die Frage, ob sich das Bundesgericht im vorliegenden Fall keine Gedanken über die Natur des Gewohnheitsrechtes gemacht habe. Der Schluss, Konkurrenzverbotsdienstbarkeiten seien in Anwendung eines Satzes des Gewohnheitsrechtes zuzulassen, ist ohne zureichende Prüfung und Begründung gezogen worden. Dabei handelt es sich hier gar nicht um eine Verhaltensregel, die der gewohnheitsrechtlichen Bestätigung fähig wäre, sondern um die juristische Qualifizierung eines Tatbestandes (134).

§ 9 Gewohnheitsrechtliche Strafnormen

I. Im allgemeinen

Auch im Verhältnis zum gesetzten Strafrecht kann sich Gewohnheitsrecht im eigentlichen Sinne oder durch die Gerichtspraxis bilden. Bei der Beurteilung der Frage, ob Gewohnheitsrecht entstehen kann, ist vom Grundsatz "nulla poena sine lege" (Art. 1 StGB) auszugehen. Im weitern ist zu unterscheiden zwischen den allgemeinen Bestimmungen und dem besondern Teil des Strafgesetzbuches. Gewohnheitsrechtliche Strafnormen intra legem sind unbeschränkt zulässig (135). Die Frage nach der Anerkennung von Gewohnheitsstrafrecht praeter und contra legem dagegen erfordert eine differenzierte Antwort.

Art. 1 StGB bezieht sich lediglich auf den speziellen Teil des Gesetzes: Er verbietet, dass auf Grund von Gewohnheitsrecht praeter legem ein gesetzlicher Straftatbestand erweitert oder eine Straffolge verschärft wird (136). Die allgemeinen Lehren des Gesetzes hingegen sind bewusst lückenhaft. Sie können durch Gewohnheitsrecht ergänzt werden, ohne Beschränkung durch die Rücksicht auf die Auswirkungen für den Täter (137). Gewohnheitsrecht praeter legem ist demnach mit dem Grundsatz "nulla poena sine lege" vereinbar, wenn solche Normen den allgemeinen Teil des Gesetzes ergänzen, sei es nun zugunsten oder zuungunsten des Täters. Im besonderen Teil könnte Gewohnheitsrecht anerkannt werden, sofern es die Straftatbestände nicht erweitert und die Straffolgen nicht verschärft (138). Zu denken wäre insbesondere an usuelles Gewohnheitsrecht intra legem.

134) Liver, ZBJV 97 (1961) 385.

135) Schwander 63.

136) Logoz, Komm. zu Art. 1 ch. 3; Thormann-Overbeck, Komm. zu Art. 1 N 4; Schwander 59/60; Clerc 20.

137) Schwander (S. 60, 77) nennt als Beispiele: Die Lehre vom Kausalzusammenhang, den Begriff des Unterlassungsdeliktes oder der mittelbaren Täterschaft.

138) Schwander 63.

Gewohnheitsrechtliche Strafnormen contra legem hat die ältere Doktrin abgelehnt, aber immerhin zugestanden, dass in seltenen Fällen ein Strafrechtssatz durch Nichtanwendung während längerer Zeit (desuetudo) seine Geltung einbüssen könne (139). SCHWANDER dagegen vertritt die Auffassung, Gewohnheitsrecht contra legem sei anzuerkennen, wenn man Gesetz und Gewohnheitsrecht als gleichwertige Rechtsquellen betrachte (140). Da aber der Grundsatz nullum crimen sine lege gilt, kann sich Gewohnheitsrecht nicht bilden, weil jede Verurteilung ohne gesetzliche Grundlage unzulässig und nichtig ist.

II. Gewohnheitsrecht im geltenden Strafrecht

Das Bundesgericht hat meines Wissens in einem einzigen (älteren) Entscheid zur Frage, ob sich gewohnheitsrechtliche Strafnormen bilden können, Stellung genommen (141). In diesem Urteil wird erklärt, Gerichtspraxis und Gewohnheitsrecht seien ausserstande, einen im Gesetz nicht enthaltenen "Straftatbestand" zu schaffen. Daraus kann man e contrario schliessen, auch das Bundesgericht sei der Ansicht, für den allgemeinen Teil des Strafgesetzbuches gelte dieses Verbot nicht.

III. Altes Gewohnheitsstrafrecht

Als die Kantone Uri, Nidwalden (142) und Appenzell-Innerrhoden um die Jahrhundertwende noch keine Strafgesetzbücher besassen, anerkannte das Bundesgericht die von den kantonalen Gerichten aufgestellten und angewandten Strafnormen als (usuelles) Gewohnheitsrecht; die Durchsetzung des Satzes "nulla poena sine lege" war unter diesen Umständen ohnehin ausgeschlossen (143).

Gemessen an den Grundsätzen des modernen Strafrechts hat eine derartige Rechtsbildung etwas Aussergewöhnliches an sich (144). Unter dem Vorbehalt der Prinzipien der rechtsgleichen Anwendung und der Rechtssicherheit kann dieses Recht als Gewohnheitsrecht anerkannt werden. So hat denn auch das Bundesgericht verlangt, dass die Umschreibung der Deliktstatbestände "nicht über die vernünftigerweise noch denkbare Ausdehnung der Grenzen des strafbaren Unrechts hinausgehe" (145).

139) Thormann-Overbeck a. a. O.; Logoz 6; Hafter, AT 15.

140) Schwander 63.

141) Vgl. 58 I 33.

142) Auf dem Gebiete des Strafrechts galten damals in Uri und Nidwalden lediglich einige Strafbestimmungen der alten Landbücher und wenige Spezialgesetze (v. Cleric, SJZ 9/1913 334; Hafter, AT 15).

143) Uri: 19, 97; 39 I 35; Nidwalden: 46 I 206 (vgl. Anm. 2 zu 58 I 33); Appenzell I. Rh.: 4, 52; 8, 477.

144) v. Cleric (a. a. O.) kritisiert die nach seiner Auffassung nachsichtige Haltung des Bundesgerichts und meint, dieses hätte die Strafurteile aus den Kantonen Uri und Nidwalden zurückweisen sollen, um diese Stände zum Erlasse eines Strafgesetzes zu zwingen.

145) 46 I 206.

Einen Sonderfall bildet in diesem Zusammenhang die "gewohnheitsrechtliche Rezeption" (146) des luzernischen Polizeistrafgesetzbuches durch die Gerichte des Kantons Schwyz insofern, als der Kantonsrat mit einer Empfehlung "sämtlichen Strafbehörden" nahelegte, die Bestimmungen des genannten Gesetzes bis zum Erlass eines eigenen Polizeistrafrechtes anzuwenden. Vielleicht sollte der Anschein erweckt werden, das luzernische Polizeistrafgesetzbuch sei mit dem Beschluss des Kantonsrates in Kraft gesetzt worden. Davon kann natürlich aus verfassungsrechtlichen Gründen nicht die Rede sein. Auch diese Strafnormen konnten nur mit der Rechtspflichtüberzeugung der Normadressaten und der Praxis der Gerichte die Geltung objektiven Rechts, d.h. usuellen Gewohnheitsrechts erlangen. Mit der Empfehlung des Kantonsrates erhielten sie nur die Bedeutung, welche im Art. 1 ZGB der bewährten Lehre und Ueberlieferung zukommt, nämlich die einer Wegleitung für die richterliche Rechtsfindung.

§ 10 Schlussfolgerungen

Aus der Praxis des Bundesgerichts ergibt sich in erster Linie, dass in der schweizerischen Rechtsordnung das Gewohnheitsrecht eine verhältnismässig geringe Bedeutung hat. Im Vergleich zu allen seit 1875 erlassenen Gesetzen nehmen sich die 33 vom Bundesgericht - zum Teil erst noch zu Unrecht - festgestellten gewohnheitsrechtlichen Normen in der Tat bescheiden aus.

Als Wesensmerkmale sowohl des öffentlichen als auch des privaten Gewohnheitsrechts bezeichnet das Bundesgericht ohne Ausnahme die Uebung und die opinio necessitatis. Trotzdem anerkennen einige Entscheide das Bestehen von Gewohnheitsrecht, ohne diese Merkmale ausdrücklich namhaft zu machen. Der Rechtsüberzeugung misst das Gericht wohl entscheidende Bedeutung bei, setzt sich aber - im Gegensatz zur Lehre - mit dem Begriff der opinio necessitatis nicht genügend auseinander. Zudem hat es mit dem Hinweis auf die "Ueberzeugung der Vernünftigkeit" der Uebung ein zusätzliches Problem aufgeworfen.

Ueber das usuelle, im Gerichtsgebrauch entstandene Gewohnheitsrecht sagt die bundesgerichtliche Praxis sehr wenig aus. Dem Namen nach findet es sich in der Rechtsprechung des Bundesgerichts nicht, doch fehlen die Anhaltspunkte für seine Anerkennung nicht.

Gewohnheitsrecht bildete sich häufiger im Gebiet des öffentlichen als des Privatrechts. Das Bundesgericht anerkennt denn auch öffentliches Gewohnheitsrecht und stellt es als solches - trotz eines gewissen Vorranges des gesetzten Rechts - einer Norm der Gesetzesstufe gleich.

146) 7, 299.

Die Rechtsprechung zum derogierenden Gewohnheitsrecht unterlag vor allem in den ersten Jahrzehnten des Bestehens des Bundesgerichts starken Schwankungen. Inbezug auf das Privatrecht haben zwei alte Entscheide dem Gewohnheitsrecht die Kraft aberkannt, dem Gesetzesrecht derogieren zu können. Seither hatte das Bundesgericht keine Gelegenheit mehr, privates derogierendes Gewohnheitsrecht zu überprüfen. Was das öffentliche Gewohnheitsrecht contra legem anbetrifft, so lässt sich immerhin der Praxis folgender Grundsatz entnehmen: Bei freier Prüfung lehnt der Gerichtshof im öffentlichen Recht die consuetudo contra legem ab; unter dem einschränkenden Gesichtspunkt der Willkür hingegen wird solches Gewohnheitsrecht als zulässig erklärt, wenn die Norm nicht in Freiheit oder Eigentum der Einzelnen eingreift. Dabei ist jedoch zu beachten, dass zum öffentlichen Gewohnheitsrecht contra legem ausschliesslich im Rahmen der Ueberprüfung auf Willkür Stellung genommen wird, das Bundesgericht also das Problem des derogierenden Gewohnheitsrechts nie in seiner ganzen Tragweite behandeln musste. Eine gewisse Unsicherheit bleibt auch hier bestehen, hielt doch der Gerichtshof in einem neuesten Entscheid fest, eine Praxis vermöchte gegen den klaren Wortlaut und Sinn des Gesetzes "aufzukommen", wenn sich dadurch ein Gewohnheitsrecht entwickelt hätte (90 I 281/2). Einer abschliessenden Beurteilung der Praxis des Bundesgerichts zum derogierenden Gewohnheitsrecht würde die ausreichende Grundlage fehlen. Die grundsätzliche Ablehnung des Gewohnheitsrechts contra legem scheint eine Nachwirkung des Positivismus des 19. Jahrhunderts zu sein.

Die Aufgabe festzustellen, ob die Wesensmerkmale des Gewohnheitsrechts tatsächlich vorliegen, hat das Bundesgericht sehr unterschiedlich gelöst. Einige Urteile zeichnen sich durch eine sorgfältige Prüfung aus, während andere Entscheide diese vermissen lassen.

Zusammenfassend sei festgehalten, dass lediglich in zwei Punkten von einer ständigen Rechtsprechung des Bundesgerichts zum Gewohnheitsrecht gesprochen werden kann. In Uebereinstimmung mit der herrschenden Lehre betrachtet das Bundesgericht Uebung und opinio necessitatis als die Wesensmerkmale des Gewohnheitsrechts und spricht der Verkehrssitte den Charakter objektiven Rechts ab. In den übrigen Fragen, die sich mit dem Problem des Gewohnheitsrechts erheben, ergibt sich aus der bundesgerichtlichen Praxis kein deutliches und klares Bild.

***

Kolibri 360 GmbH
Ferdinand-Jühlke-Straße 7
99095 Erfurt, Deutschland
produktsicherheit@kolibri360.de

Druck:
CPI Druckdienstleistungen GmbH
im Auftrag der
Kolibri 360 GmbH
Ferdinand-Jühlke-Str. 7
99095 Erfurt